LE LIVRE DES SORTS ET BOUGIES MAGIQUES

UN GUIDE DE SORTILÈGES POUR AMÉLIORER VOTRE VIE

BRIDGET BISHOP

HENTOPAN
PUBLISHING

TABLE DES MATIÈRES

INTRODUCTION

La lueur envoûtante d'une flamme de bougie offre des propriétés magiques qui, si l'on sait comment les instrumentaliser, peuvent nous procurer tout ce que notre cœur puisse désirer. On utilise des bougies dans des rituels à travers le monde entier que ce soit en allumant une bougie dans la nef d'une église ou en se concentrant sur sa flamme dans l'art de la méditation. Ce sont des véhicules d'énergie refoulée qui libèrent une intention dans l'air pendant qu'elles brûlent tout en amplifiant les souhaits et les désirs de ceux qui savent comment canaliser cette énergie. C'est la raison pour laquelle elles ont une place centrale dans la pratique de la magie et de la sorcellerie en général et qu'on les retrouve dans de nombreux rituels et des cérémonies ainsi que dans des sorts de toutes sortes.

Lorsque j'ai commencé à pratiquer la sorcellerie il y a dix ans, je traversais alors une période difficile dans ma vie : on m'avait licenciée de mon premier vrai travail, j'étais inquiète de mes finances et je craignais de ne pas pouvoir garder mon appartement (devrais-je retourner vivre chez mes parents?). L'anxiété était écrasante. A l'époque, mon copain et moi nous disputions constamment et nous avions décidé de faire une pause. Ayant perdu mn travail, je ne pouvais penser à autre chose que ma vie affreuse, ce qui a éventuellement mené à notre rupture. Il semblait que rien dans ma vie ne puisse aller bien. J'en étais venue à me demander si j'avais en fait la capacité de vivre une bonne vie stable en tant qu'adulte. Les choses me paraissaient plutôt sombres.

Et puis un jour, j'ai découvert la sorcellerie à travers un ami et j'ai pensé que cela pourrait m'occuper tout en m'aidant à oublier mes soucis grâce au côté réconfortant des rituels. Les sorts tous simples que mon ami m'avait enseignés semblaient m'aider – j'avais non seulement réussi à trouver un autre et même *meilleur* emploi mais j'avais aussi rencontré quelqu'un. Depuis trois ans maintenant, je vis une relation heureuse, passionnante et engagée. Les changements ont d'abord été progressifs mais plus je devenais à l'aise et habile avec les sorts, plus ma magie semblait être forte. C'est peut-être parce que l'avantage le plus important que j'avais acquis avec la sorcellerie, c'était une plus grande confiance en moi remarquable. J'avais compris que j'étais capable, que je méritais l'amour et le succès et que j'avais le pouvoir de reprendre ma vie en main, non seulement pour vivre, mais aussi pour *prospérer*.

Maintenant que j'ai la trentaine, je peux regarder en arrière sur cette période de ma vie et me sentir convaincue que je n'aurai plus jamais à revivre cela. Au cours des années, j'ai appris énormément de sorts et j'enseigne ces rituels à un grand nombre de personnes. C'est une chose profondément satisfaisante que de venir en aide aux autres durant les périodes difficiles de leur vie et c'est pourquoi je veux également vous venir en aide ! Je pense que la magie avec des bougies est une excellente manière de commence r: c'est simple et facile et vous n'avez pas besoin de beaucoup d'accessoires ésotériques ni d'une grande connaissance en la matière pour débuter et *obtenir des résultats*.

Si vous êtes curieux du monde de la magie et en particulier, comment jeter des sorts, vous pouvez alors commencer avec cette introduction à quelques sorts de bougie simples et cette sélection des meilleures pratiques de la magie. Avec ce livre, vous allez découvrir l'art ancien de la magie des bougies ; apprendre à préparer des rituels pour des sorts spécifiques, interpréter vos résultats et assurer ensuite la cérémonie de nettoyage avec succès. Vous y trouverez des sorts pour l'amour et les relations, les amis et la famille, l'argent et la prospérité, le travail et la carrière, la santé et le bien-être ainsi que la protection. Tous les sorts que vous trouverez dans ces différentes rubriques sont organisés en un modèle simple qui vous indiquera ce dont vous avez besoin pour effectuer le sort, quand le faire et un ensemble d'instructions détaillées pour accomplir le rituel. Les sorts dans ce livre aborderont presque chaque aspect de la vie, vous permettant ainsi de prendre le contrôle de votre propre bonheur et de votre succès en général.

De plus en plus de personnes qui recherchent le salut spirituel face à leurs difficultés et leurs désirs se tournent vers la magie et la sorcellerie. Il y a une raison pour laquelle les cultures à travers le monde et à travers l'histoire ont célébré des événements sacrés autour du feu. Il y a une raison pour laquelle se rassembler autour du foyer reste un symbole de confort et de sécurité et une manière de consolider les liens humains fondamentaux ainsi que l'esprit communautaire. Les bougies nous rappellent la puissance de la flamme et de la sagesse qui réside dans le feu. Nous pouvons canaliser ces pouvoirs pour exploiter les énergies dans nos propres vies dans le but de faire mieux, d'obtenir plus et d'avoir une meilleure vie. Vous trouverez dans ce livre, des opportunités d'établir votre propre magie pratique en utilisant ces sorts simples pour améliorer votre situation et accroitre votre bonheur. Une fois que vous aurez pris le rythme des rituels, votre confiance en vous ne fera qu'augmenter, plus vos pouvoirs ne vont se développer. Vous allez découvrir que vous avez le pouvoir de déterminer la forme et la portée de votre propre vie. Que la flamme vous illumine!

PARTIE I

COMPRENDRE LA MAGIE DES BOUGIES

Comment fonctionne la magie des bougies ? Fondamentalement, les bougies représentent l'énergie et plus spécifiquement, la transformation de l'énergie : lorsqu'une bougie est éteinte, l'énergie est dormante; lorsqu'une bougie est allumée, l'énergie est libérée, transformée par la flamme et affectée par l'air. Si vous placez des intentions derrière la libération de cette énergie, vous pouvez ensuite canaliser et façonner cette énergie pour répondre à vos propres besoins et désirs. Tout feu est transformateur – il suffit de réfléchir à la façon dont le feu transforme les ingrédients bruts en repas satisfaisants, par exemple - et si vous comprenez comment appliquer votre intention avec le feu, vous pouvez alors façonner ce processus de transformation.

Il est également important de noter que tandis que le feu est l'élément central de l'énergie dans la magie des bougies, il y a d'autres paramètres à prendre en compte lors de la mise en place de vos sorts : la couleur de la bougie a une signification tout comme les symboles qui peuvent l'entourer ou y être gravés directement. Vous pouvez donc personnaliser chaque sort pour répondre à vos besoins particuliers, démontrant ainsi vos intentions de nombreuses façons afin d'augmenter les possibilités de succès à chaque fois. Vous en apprendrez davantage sur l'histoire des bougies dans les chapitres suivants, ainsi que l'utilisation du feu dans les événements rituels et tout en vous familiarisant avec les propriétés de base des bougies et comment s'en servir. Il y a des étapes précises à suivre pour se préparer à lancer un sort de bougie *ainsi que des façons dont vous pouvez déterminer la réussite d'un sort* et par conséquent, améliorer votre taux de réussite. Vous apprendrez également comment compléter un sort, clôturer le rituel en nettoyant votre espace en utilisant les éléments du sort pour améliorer les résultats et/ou en éliminant les articles correctement en fonction du sort. Enfin, vous devez être conscient que le feu est également transformateur de manière terriblement destructrice – les restes de cendres laissées par un incendie de maison ne manquent pas d'être dévastatrices – il est donc important de s'efforcer d'être responsable avec la magie des bougies, non seulement avec vos intentions mais aussi avec vos applications.

La magie (certains l'épellent "magick") dans son sens le plus pur n'est pas de souhaiter du mal aux autres ou même d'exercer une volonté sur les autres, mais il s'agit plutôt d'une transformation personnelle et de la réalisation d'objectifs *personnels* (positifs). La sorcellerie n'est pas l'œuvre du mal, de la haine ou du contrôle. De plus, la magie des bougies doit toujours être pratiquée en toute sécurité. Soyez donc toujours prudent lorsque vous utilisez un vrai feu lors d'un rituel ou d'un sort. En gardant bien ces précautions à l'esprit, vous pouvez avancer vers une meilleure compréhension du fonctionnement des bougies et comment faire de la magie de base.

1

LA MAGIE DES BOUGIES

Les bougies sont un élément que l'on retrouve dans les pratiques rituelles à travers le monde et pas seulement dans la sorcellerie. Il est facile de comprendre leur rôle central dans les rituels et la magie lorsqu'on prend conscience de la façon dont l'élément puissant du feu a été perçu tout au long de l'histoire aussi bien mythologique que réelle. Nous sommes également bien conscients de la nature pratique du feu et des bougies : le feu réchauffe et fournit de la nourriture alors que les bougies apportent lumière et parfum. Pendant des siècles, l'humanité a été dépendante des bougies, plus particulièrement pour éclairer les pièces après la tombée de la nuit alors que les feux réchauffaient les logis avant l'électricité. Il n'est donc pas surprenant que l'élément de feu et son vaisseau, la bougie, soient devenus de très importants symboles et conducteurs de puissance magique bien avant l'ère moderne. Le feu reflète quelque chose d'ancien et de mystérieux et sans lui, la civilisation humaine n'aurait pas pu exister. La bougie est donc imprégnée du mystère et de la puissance de cet élément tempétueux ainsi que de sa capacité à nettoyer et transformer, détruire et renouveler.

Il existe une abondance de contes mythologiques sur le feu à travers l'histoire et les cultures. Il y a, par exemple, la célèbre histoire de Prométhée, le Titan de la mythologie grecque qui avait donné le feu aux humains et qui fut donc ensuite puni par Zeus : condamné à être enchaîné à un rocher et son foie dévoré chaque jour par l'aigle de Zeus (pour repousser le lendemain pour le prochain repas), et ce pour l'éternité. Pourquoi avait-t-il été puni ? Parce que faire le don du feu aux humains était comme leur accorder une civilisation, une occasion de devenir un peu plus comme les dieux. Le feu est à jamais associé à l'impulsion civilisatrice : nous nous rassemblons autour du feu et avec cette lumière ardente, nous signalons aux autres que c'est un lieu de chaleur et de société civile. Dans l'ancienne épopée, *Beowulf*, c'est cette lumière qui attire le monstre Grendel dans la grande salle de Heorot. La lumière représente le phare de la civilisation d'où Grendel fut exilé et il exerce sa vengeance en ravageant le hall nuit après nuit jusqu'à ce que le héros Beowulf y soit envoyé pour s'en débarrasser. Dans chacun des deux contes, le feu est l'élément qui forge la culture civilisée.

Dans beaucoup d'endroits, le feu est également souvent associé à la divinité : pensez au conte biblique du buisson ardent où Moïse reçoit un message de Dieu disant qu'il est celui qui doit mener les Israélites hors d'Egypte. Ce message enflammé d'intervention divine refait surface lorsque le pilier du feu sert à guider les Israélites à travers les sombres ténèbres de leur épuisant périple. On retrouve également un terrible châtiment avec le feu dans la Bible, avec l'incendie des villes perverses comme Sodome et Gomorrhe.

Dans les cultures orientales comme occidentales, le feu a été utilisé pour prédire l'avenir et pour décoder les messages aussi bien que pour comprendre les prophéties et interpréter les événements. Des os d'animaux étaient jetés dans des feux et les fissures qui apparaissaient sous la pression de la chaleur étaient interprétées dans le but d'orienter les décisions et de découvrir les intentions divines. En effet, pour une grande partie de l'histoire culturelle occidentale, le feu fut considéré comme un dieu en soi et à qui on attribuait des capacités anthropomorphiques ; il pouvait *nourrir* et *dévorer* ou *respirer* et *grandir* pour finalement mourir décomposé. Le feu était si important pour soutenir l'existence humaine qu'il fut considéré comme presque humain lui-même.

Il est également considéré comme un agent de purification : une fois ravagée par un incendie, une forêt est capable de renaître de ses cendres. Fantasia, le film d'animation de Disney l'a présenté dans son ensemble de séquences "Night on Bald Mountain" sur la musique intense de Wagner ; le feu apparaît comme une force démoniaque dévorant tout sur son chemin jusqu'à ce qu'il ne reste plus rien. Et pourtant là aussi, une nouvelle vie apparaît magiquement une fois que les pluies printanières régénèrent la terre, renouvelant le monde. C'est bien sûr le mythe du phénix ; tout comme l'ancien symbole de la renaissance, le phénix vieillit et faiblit mais au lieu de mourir, il brûle et renaît de ses cendres dans un cycle d'espoir et de réanimation. De même que pour les bûchers funéraires dans de nombreuses religions, le feu représente une purification dans la mort ainsi qu'une libération de l'esprit vers des royaumes plus divins.

Plus concrètement, le feu nous permet de cuisiner d'une façon qui sépare définitivement les humains des autres animaux ; seuls les humains cuisinent et créent des plats élaborées. Le feu est encore une fois fondamental au processus de construction d'une civilisation et d'une culture. Cela nous permet aussi d'être plus productifs, fournissant de la lumière après l'obscurité pour que nous puissions étudier ou travailler ; de nombreuses inventions sont apparues à la lumière du feu après une journée de travail. Il s'est également révélé crucial pour notre capacité à survivre et à prospérer tout au long des saisons, nous gardant au chaud pendant l'hiver dans les climats plus froids. Le feu a permis de vivre dans différents coins du globe et il reste encore un fort symbole qui nous rappelle le confort de la maison et de la communauté. C'est une balise qui brille dans l'obscurité.

Le feu est également considéré comme l'un des quatre éléments fondamentaux de la terre, l'eau et l'air. Chacun de ces éléments a un rôle spécifique à jouer : le feu lui-même, comme cité ci-dessus, est le symbole de la transformation et il est représenté par le soleil et les étoiles ainsi que d'autres éléments naturels (et puissants) tels que des volcans en éruption et des déserts austères. Du fait que le feu soit toujours en mouvement, dansant ou dévorant, vacillant ou s'éteignant lentement - il se lit comme le plus animé des éléments bien que l'eau et l'air (et même la terre) se déplacent également à leur manière. Il rappelle le soleil et la lumière en général, ce qui l'associe à l'illumination, non seulement l'illumination purement physique, mais aussi l'illumination mentale, la clarté de la pensée et l'imagination des idées. On appelle le moment d'épiphanie lors d'une invention, une illumination : on dit aussi avoir "vu la lumière" lorsque nous avons une révélation. Le feu est également associé à une grande force et à la santé en général parce-que son dynamisme est si réaliste et il correspond aussi parfaitement à la passion, alors que notre feu/notre désir internes brûlent de façon intense.

En ce qui concerne la magie, le feu joue un rôle dans de nombreux rituels et de nombreuses cérémonies, étant souvent appelé à représenter des énergies masculines et des puissances protectives. Cet élément est particulièrement favorable à certaines intentions, y compris allumer les passions (et, parallèlement, la compassion) dans une relation ; accroitre votre propre énergie ("allumer le feu en vous") ; et découvrir des vérités cachées, apportant illumination à l'obscurité secrète. Le feu est également utilisé dans de nombreux sorts et rituels de protection alors que vous rassemblez ceux que vous aimez autour du feu, symbole du foyer et de la maison. Il peut également aider dans les sorts de bannissement, purger les pensées négatives et reprendre de bonnes habitudes ; utiliser le feu comme dans le processus de purification et de renaissance. Il peut également améliorer la confiance et la conscience de soi ; l'illumination du feu, encore une fois, pour révéler (et chasser) le négatif. Le feu était également souvent utilisé pour renforcer la résolution ("un fer forgé dans le feu") - tout comme le feu peut tempérer la lame pour qu'elle soit plus forte et, paradoxalement, plus souple, ainsi le feu peut forger la force mentale et un tempérament équilibré. Le feu a propulsé les guerriers vers la victoire, non seulement par sa grande force et ses pouvoirs de destruction mais aussi par son pouvoir d'inspirer la révélation, éclairant les stratégies nécessaires à la réussite. Voilà donc quelques exemples que vous pouvez commencer à appliquer à vos propres besoins personnels alors que vous allez débuter dans l'apprentissage de certains sorts.

Il y a plusieurs façons de se connecter à l'élément du feu lors de la mise en œuvre des rituels magiques. Naturellement, les bougies resteront notre vaisseau principal pour le restant de ce livre bien que vous puissiez aussi explorer d'autres sources. Construire des feux de joie est l'un des événements centraux de nombreux rassemblements y compris un rassemblement de sorcières partageant les mêmes valeurs. Avec de bonnes intentions, on peut lire les flammes pour la divination ou s'en servir dans le but de créer un état méditatif pour la contemplation. Plus réservé que son cousin le feu de joie, le feu de cheminée ou de foyer se trouve au cœur de la maison, de la famille, des amis et de la communauté ; les sorts créés avec ce dernier, cimentent les liens et créent des limites protectrices. Les lanternes et (surtout) les torches à feu peuvent être symboliques en éclairant le chemin pendant des sorts destinés à demander des conseils aussi bien que pour éclairer la vérité sur des circonstances compliquées. Les torches sont souvent allumées au commencement d'une cérémonie pour être ensuite cérémoniellement étouffées une fois la magie terminée. Comme dans la plupart des pratiques magiques, plus vos outils seront connectés à la nature, plus leurs pouvoirs magiques ne seront forts ; les feux de bois sont par conséquent, particulièrement puissants. Différents bois indiquent différentes associations symboliques. Par exemple, on prend du bois de cerisier pour créer la bonne fortune et favoriser l'amour tandis que le bois de pommier nourrit la santé et le bonheur en général. Même les cendres (et la cire) ou les restes des incendies rituels, peuvent être utilisés à des fins magiques : ils peuvent être ajoutés dans des amulettes et des charmes pour en augmenter leur puissance.

On retrouve les bougies plus particulièrement au cœur de la pratique de sorcellerie la plus moderne : elles sont le symbole de tous les pouvoirs de l'élément de feu. Il est facile de s'en procurer et elles peuvent être utilisées de façon contrôlée. Ces outils magiques polyvalents non seulement aident à générer de la magie depuis une intention mais elles sont également la clé pour marquer l'espace sacré. Au lieu de mettre l'accent sur les aspects destructeurs du feu, les bougies symbolisent les aspects plus chauds, plus doux et plus réconfortants et elles sont donc couramment utilisées dans les sorts de souhaits personnels. La magie des bougies peut apporter une transformation personnelle et une régénération significative. Dans la culture laïque d'aujourd'hui, nous célébrons souvent notre anniversaire en soufflant des bougies, ce qui représente le mouvement inéluctable d'un état à l'autre, d'un âge à l'autre ainsi que le processus continu de transformation.

Tout le travail de sorcellerie consiste essentiellement à transformer une intention en une réalité, que ce soit votre souhait, votre désir ou votre demande. Les bougies font partie des moyens les plus efficaces pour communiquer ces intentions ; elles sont comme des messagers qui amènent vos messages d'intention dans le domaine spirituel où ils peuvent être entendus. Alors qu'une bougie est en train de brûler, elle est transformée, semblant se dissiper de la forme matérielle (la bougie disparaît lentement), apportant dans sa flamme vos intentions jusqu'au plan éthéré. Ce processus aide les débutants à visualiser clairement ce qu'ils souhaitent que leur magie fasse : inculquer la bougie avec votre intention vous permet d'envisager sa manifestation. Alors que la bougie est principalement associée à l'élément de feu, elle est particulièrement puissante en magie parce qu'elle contient ou s'appuie aussi sur tous les autres éléments : la bougie elle-même, la mèche et la base, représentent la terre, ancrant la bougie à cette force subtile ; la cire représente l'élément d'eau qui fond et coule pendant que la bougie brûle, remodelant la forme des choses en même temps ; et la flamme elle-même dépend de l'air pour la maintenir enflammée et dansante (tout comme nous, le feu a besoin d'oxygène pour survivre). L'utilisation de bougies dans la pratique magique est donc à la fois facile et puissante. En fait, l'acte même d'allumer une bougie - même si vous n'avez pas l'intention de faire de la magie - peut modifier l'atmosphère même d'un espace. Nous devenons plus attentifs à la présence des énergies invisibles qui nous entourent lorsque nous nous concentrons sur la lueur d'une bougie allumée.

Comme vous pouvez le voir clairement, l'élément de feu est central à notre compréhension de la civilisation humaine en général. Sa puissance magique a été reconnue au fil des siècles et utilisée pour la conquête et le confort, la destruction et la régénération. Nous employons encore le feu, en particulier sous forme de bougies, pour de nombreux rituels aussi bien sacrés que séculiers et la sorcellerie moderne repose grandement sur leur pouvoir. Dans le chapitre suivant, vous allez découvrir les nombreux types de bougies qui peuvent être utilisées pour différentes formes de magie ainsi que les nombreuses correspondances utilisées en conjonction avec les flammes de bougies pour créer de formidables sorts magiques.

2

L'ESSENTIEL DES BOUGIES

Lorsque vous utilisez la magie des bougies, vous devez prendre en considération non seulement la bougie appropriée à utiliser, mais aussi d'autres facteurs qui peuvent influencer la puissance de votre intention. En fait, la bougie que vous choisissez et la manière dont vous choisissez d'améliorer sa puissance sont une chose primordiale pour le succès de vos sorts. Vous allez trouver ici, des conseils sur les types de bougies à choisir et comment interpréter les diverses correspondances ainsi que la façon d'incorporer des éléments supplémentaires dans votre bougie magique pour augmenter l'efficacité de vos sorts.

Tout d'abord, et comme vous le savez certainement, il y a des bougies de toutes sortes de formes et de tailles et qui ont un impact sur la façon dont vous les utiliserez dans votre sort. Vous trouverez ci-dessous ma liste de bougies qui sont les meilleures pour les différents sorts qui apparaitront dans la seconde partie du livre - du moins celles qui m'ont données les meilleurs résultats au fil des années. Cette liste décrit les principales variétés de bougies et quand les utiliser :

◈ **Bougies chauffe-plat** : les bougies chauffe-plat sont des bougies rondes, très petites et habituellement dans leur propre récipient en métal ou en plastique. Elles brûlent rapidement parce qu'elles sont si petites et elles sont généralement utilisées dans les cérémonies de groupes et dans des supports spéciaux. Elles peuvent être utilisées pour des sorts assez courts et qui invoquent une intention rapide. J'aime les utiliser lorsque j'ai besoin d'un regain d'énergie ou de concentration en milieu de semaine ; pour un sort de bonne fortune ou de prospérité rapide avant le jour de paie ou bien pour l'achèvement d'un grand projet car elles sont également idéales pour un travail de courte durée.

◈ **Bougies votives** : ces petites bougies moulées disposent d'une plus grande durée de combustion que les bougies chauffe-plat. Grace à leur forme, elles brulent assez lentement pendant que la mèche coule dans la bougie. Elles laissent souvent une quantité importante de cire derrière après avoir brûlé leurs noyaux creux. Veuillez voir ci-dessous pour en savoir plus sur quand et comment les utiliser.

◈ **Bougies piliers** : de forme semblable aux bougies votives, les bougies piliers sont assez grosses, grandes et larges et elles prennent beaucoup de temps à brûler. Tout comme les bougies votives, les bougies piliers laisseront derrière elles une grande quantité de cire. Lorsque vous utilisez des bougies votives et des bougies piliers, prenez bien votre sort en considération : si le sort exige que la bougie brûle complètement avant que l'intention ne soit invoquée - comme la plupart des sorts - ces bougies, et en particulier la bougie pilier, pourraient ne pas convenir (sauf si vous avez le temps et/ou la force d'attendre). Il existe cependant quelques sorts durant lesquels vous brûlez une bougie par étapes, selon les phases de la lune ou les jours de la semaine (parmi d'autres facteurs), ce qui signifierait que l'un ou l'autre de ces choix serait pertinent : j'utilise des bougies piliers quand je lance des sorts qui concernent des objectifs à long terme, quelle que soit la catégorie. Enfin, il existe quelques sorts pour lesquels vous souhaiterez avoir des restes de cire pour créer d'autres objets magiques (amulettes, talismans) ou pour effectuer des clôtures de rituels. Ces bougies seraient de bons choix à ces fins.

◈ **Bougies coniques** : les bougies coniques sont des bougies tout usage pour la sorcellerie : de taille grande et mince, celles-ci brûlent régulièrement et assez rapidement, bien que pas aussi rapidement que les bougies chauffe-plat. Elles produisent aussi généralement les flammes les plus hautes et les plus brillantes (la forme trapue des bougies votives et des bougies piliers ont tendance à obscurcir la flamme après quelques instants de feu) et la cire fond lorsque la bougie brûle. Ce sont mes bougies préférées : elles durent assez longtemps pour transmettre pleinement les intentions et offrent suffisamment de surface sur laquelle graver des symboles lorsque j'ai besoin d'un boost de puissance (à découvrir dans le chapitre suivant).

◈ **Bougies spéciales "sort"** : vous pouvez également trouver en magasin, de nombreuses variétés de bougies spéciales et fabriquées spécifiquement pour certains types de sorts (elles sont aussi faciles à trouver en ligne). Ce sont des bougies qui ont été faites avec d'autres matériaux adaptés pour la magie tels que des herbes, des cristaux ou des huiles essentielles, et/ou dotées de symboles magiques particuliers pour accroître leur pouvoir. Si vous le souhaitez, cela peut certainement faire partie de votre travail de sorcellerie, malgré le fait que ces bougies magiques spéciales sont plus chères que les bougies ordinaires (qui peuvent aussi être utilisées à des fins magiques) et elles ne seront pas imprégnées par *vous* avec vos intentions spécifiques Autrement dit, elles ne sont pas adaptées à vos besoins particuliers. Gardez-les donc pour des occasions très spéciales ou des sorts compliqués pour lesquels vous pourriez avoir besoin d'un coup de pouce. Veuillez toutefois voir ci-dessous les différentes façons dont vous pouvez doter vos bougies ordinaires avec plus de magie.

◈ **Bougies personnages** : tout comme les bougies magiques spéciales, ces bougies ont des fonctions particulières et elles sont souvent également imprégnées d'huiles essentielles et d'autres améliorations pour augmenter leur puissance. Il ne s'agit pas seulement de représentations masculines et féminines, souvent utilisées pour les sorts d'amour et de romance mais d'autres symboles puissants dans le monde de la sorcellerie, y compris le crâne, la croix et le chat. Il existe aussi des bougies pour certaines parties du corps qui sont utilisées à la fois pour les rituels de guérison et pour les sorts d'amélioration. Encore une fois, celles-ci peuvent augmenter la puissance de votre magie des bougies bien que vous pouvez également manipuler une bougie pilier ordinaire pour créer le même effet en y sculptant des symboles dessus. Veuillez voir ci-dessous quelques suggestions spécifiques.

◈ **Autres considérations** : enfin, vous devriez également considérer le matériau à partir duquel votre bougie est faite : de nombreuses bougies produites en masse sont faites de paraffine, ce qui peut produire des produits chimiques faiblement toxiques (la paraffine est un sous-produit du pétrole) ; la plupart des sorcières préfèrent donc utiliser des bougies faites de matériaux naturels comme la cire d'abeilles (le plus prisé) et le soja. Vous devriez également noter que seules les nouvelles bougies doivent être utilisées pour le travail de sorcellerie ; comme avec tout objet potentiellement magique, les bougies captent l'énergie et résonnent avec les vibrations des utilisations précédentes. Vos sorts ne seront donc probablement pas aussi efficaces si vous n'utilisez pas une nouvelle bougie pour chacun d'eux. Si vous êtes préoccupé par les déchets, vous pouvez envisager de recycler les restes de cire à bougie pour un usage domestique : vous pouvez fondre les restes de cire et verser cela dans un moule simple (ou un bocal propre, par exemple) et y insérer une nouvelle mèche. Ces restes de bougies ne seront pas efficaces pour le travail de sorcellerie mais elles sont tout à fait adéquates pour la table à manger ou le salon. En plus du type de la bougie utilisée, il y a d'autres facteurs à considérer lors du choix de vos bougies pour des sorts particuliers. Il y a des correspondances magiques inhérentes à des caractéristiques spécifiques : par exemple, la couleur rouge correspond à la passion et à la force et on l'associe également à l'élément de feu ; le thym correspond à la purification et on l'utilise souvent pour des sorts de purification ou de bannissement. Cela s'applique également au calendrier. Le moment choisi pour lancer votre sort aura un impact sur son efficacité, que ce soit les saisons ou les cycles naturels. Vous pouvez trouver des tableaux élaborés de correspondances à travers le spectre magique. Vous trouverez ci-dessous quelques listes simples de correspondances de base qui améliorera le focus de votre intention et par conséquent la puissance de votre sort, ainsi que la fiabilité de vos résultats:

◈ **Correspondances de couleurs** : en choisissant votre bougie pour les sorts, il vaut mieux faire attention à la couleur car les couleurs sont associées à divers éléments et caractéristiques. Choisir la bonne couleur pour votre intention augmentera l'efficacité de votre sort. Voici quelques correspondances de base:

➢ *Le Vert* est associé à la nature et la fertilité, ainsi que l'argent et la bonne fortune.

➢ *Le Rouge* est associé au pouvoir et à la passion, ainsi qu'à la vitalité et au courage.

➢ *Le Rose* est associé à l'amitié et à la romance, ainsi qu'à la compassion et à l'innocence.

➢ *Le Jaune* est associé au succès et au bonheur, ainsi qu'aux voyages et à l'imagination.

➢ *Le Bleu* est associé à la vérité et à la communication, ainsi qu'à la fidélité et à la patience.

➢ *L'Orange* est associé à la créativité et à la joie, ainsi qu'à l'ambition et à la justice.

➢ *Le Violet* est associé à la sagesse et au pouvoir spirituel, ainsi qu'à la prévention du mal.

➢ *L'Argent* est associé à l'intuition et aux rêves.

➢ *Le Blanc* est associé à la pureté et au nettoyage, ainsi qu'à la paix et à l'équilibre.

➢ *Le Noir* est associé à la formation et à l'apprentissage, ainsi qu'à la protection et au bannissement.

◈ **Les Phases de la Lune** : la lune est considérée comme un puissant symbole d'énergie féminine, mystérieux dans sa nature et plein de force tranquille. Différents sorts fonctionnent différemment pendant les différentes phases de la lune. Par exemple, certains sorts utilisent la puissance croissante d'une lune montante pour augmenter la puissance d'un sort alors que d'autres sorts doivent être lancés pendant une pleine lune pour un effet maximum. Moins de sorts doivent être lancés pendant une lune décroissante bien qu'il y ait divers sorts qui vous obligent à suivre les phases de la lune afin de compléter le sort jusqu'à sa fin de cycle.

◈ **Les Jours de la Semaine** : en plus des cycles de la lune, chaque jour de la semaine possède son propre ensemble de pouvoirs et de caractéristiques, rendant le lancement de sorts plus efficace certains jours que d'autres. Pour la plupart des rituels, la phase de la lune prime sur le jour de la semaine. Par exemple, si une pleine lune tombe un mercredi mais votre sort suggère qu'un dimanche serait un meilleur jour cde correspondance, la pleine lune l'emporte sur le jour de la semaine. Lorsqu'il est cependant possible d'appliquer la correspondance d'un jour en particulier à vos intentions, voici un guide simple à suivre :

- ➢ *Le Dimanche* est nommé pour le soleil, il rayonne d'énergie masculine et fonctionne bien avec le rouge, l'or et le jaune.

- ➢ *Le Lundi* est nommé pour la lune et donc, en contraste, il rayonne d'énergie féminine et fonctionne bien avec le bleu, le blanc et l'argent.

- ➢ *Le Mardi* correspond à la planète Mars, il apporte donc avec elle, des attributs masculins et on l'associe avec le courage et la force.

- ➢ *Le Mercredi* vient du "Jour de Woden" qui l'associe au dieu nordique Odin qui est également connecté à la planète Mercure. Mercure était le messager des dieux, ce qui indique donc que le mercredi est une excellente journée pour les communications ainsi que pour la divination.

- ➢ *Le Jeudi* est associé à Thor et à la planète Jupiter, deux dieux de différents panthéons, signalant à nouveau une énergie masculine. Il est souvent associé à la récolte et donc à l'abondance et à la richesse.

- ➢ *Le Vendredi* apporte une énergie féminine associée à la planète Vénus ainsi qu'à la déesse nordique Frigga et par conséquent, les pouvoirs de romance et d'amour ainsi que les couleurs de rose et blanc. Il est également de bon augure pour l'énergie de la fertilité.

- ➢ *Le Samedi* termine la semaine avec une énergie plus masculine, en particulier le pouvoir de la sagesse et de la retenue, contrairement à ce que nos week-ends modernes pourraient impliquer. C'est aussi un moment opportun pour examiner les questions de la mort.

◈ **Symboles d'Optimisation** : vous pouvez également améliorer la puissance de votre bougie en utilisant divers symboles sur la bougie ; cela peut clarifier vos intentions de manière visible qui vous aideront à vous concentrer et à accroître la probabilité d'obtenir des résultats précis. Ces symboles peuvent être gravés directement sur des bougies, dessinés sur du papier qui repose sous la base de votre bougie (protégé de la flamme, bien sûr) ou bien simplement dessinés avec votre main ou une baguette dans l'air pour signifier vos intentions. Plus de détails à ce sujet seront abordés dans le chapitre suivant. Il y a un certain nombre de symboles magiques que vous pouvez utiliser dans vos sorts, du pentacle qui représente les quatre éléments fondamentaux (feu, eau, air, terre) en harmonie avec le divin, au nœud des sorcières, qui représente l'unité indestructible entre les éléments et les cycles naturels.

◈ **Ajouts de Plantes** : vous pouvez également ajoutez des herbes avec leurs propriétés magiques afin de rendre votre magie des bougies encore plus puissante ainsi que pour clarifier vos intentions spécifiques. Il y a une grande quantité d'herbes, trop nombreuses à citer ici, qui ont été utilisées dans les rituels magiques et les sorts partout dans le monde mais en voici quelques-unes, avec leurs propriétés caractéristiques que vous pouvez facilement trouver dans des épiceries, des marchés et des jardins :

➢ *Le Basilic* est une herbe de cuisine commune, un médicament potentiel puissant et un bouclier protecteur tout usage. Il est le plus souvent utilisé dans les sorts de protection et peut être utilisé pour la purification (débarrasser un espace d'énergie négative). Il est également associé à la fertilité, en partie en raison de sa couleur vert vif et de son arôme fort.

➢ *Le Thym* est une autre herbe puissante utilisée dans un certain nombre d'applications. Non seulement il aide à se débarrasser de l'énergie négative mais il stimule aussi l'énergie psychique et encourage le sommeil. Il est souvent utilisé dans les rituels de purification et les bains de nettoyage et peut être également utile pour les sorts de guérison.

➢ *La Cannelle* est techniquement parlé, une épice, mais elle est en quelque sorte considérée comme faisant partie de la "famille magique" à base de plantes. Elle est souvent employée dans les sorts de romance ou d'amélioration de performance sexuelle ainsi que dans des sorts de prospérité. Sa fonction principale est cependant d'éloigner les mauvaises énergies et de favoriser des liens spirituels positifs.

➢ *La Sauge* est la plante la plus couramment utilisée dans la pratique de la purification pour débarrasser un espace d'une mauvaise énergie Elle possède également des associations avec la fertilité et la longévité et on lui attribue de puissantes propriétés de protection.

➢ *Le Romarin* possède également des propriétés curatives et peut être utilisé pour améliorer les capacités intellectuelles. Parce qu'il s'agit d'un stimulant léger, le romarin peut vous donner – ainsi qu'à vos sorts - un regain d'énergie au besoin. Brûler le romarin et le jasmin ensemble stimule une protection efficace contre la maladie ainsi que de la force pour un dur labeur. Tout comme la plupart des herbes, le romarin peut également être utilisé à des fins de purification.

➢ *La Noix de Muscade* est censée apporter des visions psychiques (elle peut en effet provoquer des hallucinations si elle est ingérée en grande quantité - non recommandé pour des raisons de santé). Il est également utilisé pour augmenter l'énergie lors de performances sexuelles et les pouvoirs de clairvoyance.

➢ *La Lavande* est excellente pour favoriser le bon sommeil car elle est associée au calme et à la sérénité. Elle est également utilisée dans les sorts qui aident à la clarté de la pensée. Elle est aussi souvent utilisée dans les potions d'amour car on la pense être propice aux souhaits et désirs. La lavande peut également assister un rituel de nettoyage.

➢ *La Camomille* est une autre herbe à qui on attribue des propriétés bénéfiques à la tranquillité et au sommeil. Le thé "doux-sommeil" que vous voyez dans les magasins est le plus souvent fait avec de la camomille. Il peut également aider avec les sorts de protection ; une histoire de vieilles femmes suggère que si vous avez de la camomille dans votre jardin, vous devenez un gardien de la terre.

➢ *Le Pissenlit* n'est pas seulement une mauvaise herbe embêtante dans votre jardin, elle est également considérée comme une plante accueillante qui est bonne pour les sorts d'amitié ou d'attraction et qui peut agir comme messager avec la flamme de la bougie. Elle est aussi employée dans les rituels de divination.

◈ **Les Enrichissements des Cristaux** : les cristaux et les pierres semi-précieuses sont souvent utilisés dans la magie et accompagnées des bougies et elles peuvent grandement améliorer certains types de sorts. Tout comme pour les herbes, on peut littéralement trouver des milliers d'exemples à travers le monde mais voici quelques cristaux et quelques pierres relativement ordinaires et qui ont des propriétés propices à diverses formes de magie :

➢ *Le Jade* a une belle couleur verte qui la relie intrinsèquement à la richesse et la bonne fortune, ainsi que la fertilité. C'est une pierre très courante dans les cultures asiatiques et on considère qu'elle apporte la chance.

➢ *L'Améthyste* a une couleur pourpre apaisante qui est souvent utilisée dans les sorts pour apaiser la colère et la peur en raison de ses qualités calmantes. Beaucoup de sorcières dorment avec une améthyste sous leurs oreillers.

➢ *Le Quartz* avec sa forme blanche et pure est considéré comme un booster d'énergie : lors d'un sort de divination, le quartz blanc est généralement placé au milieu pour amplifier les messages. Il peut fonctionner de même avec d'autres sorts.

➢ *Le Quartz Rose* avec sa belle teinte rose, est souvent utilisé dans les sorts liés à la romance et l'amitié.

➢ *La Citrine* est surnommée la "pierre de la réussite" et elle est souvent utilisée dans les rituels et les sorts de prospérité. On peut la trouver dans diverses nuances de brun avec des notes d'orange. Elle est également associée à l'élément terre (enracinement) ainsi qu'avec le bonheur.

➢ *L'Hématite* est une pierre d'un noir intense qui est utilisée pour chasser les mauvaises énergies et aider à briser les mauvaises habitudes.

➢ *La Pierre de Lune* vient dans une pléthore de couleurs mais elle est connue pour être plus puissante quand elle ressemble à son homonyme (gris pale, bleu clair). En raison de son association directe avec la lune, elle est utilisée dans les sorts d'amour et pour faire appel aux énergies féminines.

➢ *Le Jaspe Sanguin* est en fait d'un vert foncé, malgré son nom et bien qu'elle puisse avoir des taches rouge à l'intérieur. Son association avec le sang le rend utile dans les sorts concernant la passion (ou plutôt son absence) ainsi que dans les applications de guérison.

➢ *L'Œil de Tigre* contient à la fois les pouvoirs de la terre (le marron) et le soleil (le jaune, l'or). On peut le porter pour la protection et son œil d'or attire la prospérité.

➢ *Le Lapis-Lazuli,* avec sa couleur bleu profond est prisé dans le monde entier. On le dit propice à l'intuition et à la connexion psychique. Il peut aussi aider à apaiser et à protéger.

◈ **Les Huiles Essentielles Stimulantes** : ce sont des infusions de plantes et d'herbes naturelles dans une huile afin de les rendre plus intenses et plus faciles à appliquer. Elles sont souvent utilisées dans les sorts pour augmenter la puissance de la magie. Dans la magie des bougies, elles peuvent être utilisées pour en enduire la bougie, clarifier et intensifier les intentions. Il existe des huiles essentielles qui sont couramment utilisées et qui sont faites à partir de lavande, e patchouli, e cannelle, d'orange ainsi que d'autres huiles d'agrumes, de cèdre, de santal et de genévrier, entre autres.

3

LA PRÉPARATION

Maintenant que vous avez rassemblé les bougies appropriées pour votre travail de sorcellerie ainsi que quelques accessoires magiques supplémentaires comme décrit dans le chapitre précédent, nous pouvons nous concentrer sur la façon la plus efficace de jeter un sort. Obtenir des résultats ne consiste pas seulement à avoir les bons outils magiques sous la main, il s'agit aussi de la façon dont vous préparez votre espace et votre matériel. Ces quelques mesures simples donneront à votre espace un coup de pouce d'énergie positive, permettant à vos intentions de passer de vous à votre bougie de façon fluide et d'être présentées au plan éthéré. Vous vous préparez ainsi à transmettre votre message haut et fort en garantissant d'excellents résultats.

ÉRIGER UN AUTEL

La plupart des sorts ont lieu sur un autel qui reflète le style magique personnel de la sorcière et qui respecte également certaines directives de base pour améliorer le flux d'énergie et la puissance magique. C'est la pièce maîtresse symbolique de votre pratique magique. Alors que vous pouvez installer un autel de fortune chaque fois que vous décidez de jeter un sort, la plupart des praticiens choisissent d'aménager un espace permanent quelque part chez eux afin d'être toujours prêt dès qu'il y ait besoin de jeter un sort. Si vous le souhaitez, vous pouvez également faire un autel mobile afin que vous puissiez dégager l'espace chaque fois que l'autel n'est pas utilisé. C'est également pratique si vous décidez d'effectuer votre sorcellerie à l'extérieur : beaucoup de sorcières trouvent qu'elles peuvent se connecter plus puissamment avec l'énergie universelle quand elles sont en pleine nature et entourées d'objets naturels.

Il est cependant nécessaire de nettoyer votre espace avant d'entreprendre la construction de votre autel : vous pouvez le faire par purification, en faisant brûler des herbes (comme la sauge ou le romarin) pour libérer l'espace des vibrations négatives. Vous pourriez aussi envisager de prendre un bain rituel pour vous purifier *vous-même* de l'énergie négative si vous pensez que cela serait bénéfique pour vos objectifs. Mettre des cristaux de quartz autour du bain avec quelques bougies purifiantes (les blanches) et peut-être de l'huile essentielle de lavande dans l'eau aidera à vous ressourcer corps et âme ainsi qu'à clarifier votre esprit. Je fais toujours une purification par la fumée avant de m'occuper de mon autel, même après qu'il soit mis en place et je refais encore un rituel généralement avant de lancer un sort : non seulement cela m'aide à me vider l'esprit, mais cela me donne aussi le temps de me concentrer sur mes intentions. Pour ce qui est du bain rituel, je le fais une fois par semaine. C'est ma routine mais pas seulement pour des sorts spécifiques car cela m'aide aussi à garder une bonne énergie et une magie fluide !

Bien qu'il n'y ait pas de règles spécifiques sur ce à quoi votre autel devrait ressembler, il y a quelques caractéristiques communes que beaucoup de sorcières utilisent. Vous devez avoir une surface plane (idéalement ininflammable) sur laquelle placer vos bougies et autres objets d'importance rituelle. Beaucoup de sorcières préfèrent une forme ronde ou ovale parce qu'elle est à la fois représentative de la communion égalitaire (comme avec le symbole du nœud de la sorcière) et associée à la féminité. Il est également courant pour la base de l'autel d'être faite à partir de matériel naturel, comme le bois ou la pierre, plutôt que des matériaux artificiels ou "froids", comme le plastique ou l'acier. Vous pouvez utiliser ce que vous avez autour de la maison, si vous le souhaitez, comme une table basse ou un petit bureau – ce qui vous convient le mieux ainsi qu'à vos besoins. Commencer à faire de la magie est en partie faire confiance à vos intuitions - vous saurez ce qui vous convient le mieux lorsque vous le ressentirez.

Une fois que la base de votre autel est prête, commencez à l'orner de matériaux magiques que vous jugez appropriés à vos besoins. Mettre en place un autel a pour but de transformer un espace ordinaire en un lieu magique et favorable à la magie. C'est à cet endroit extraordinaire que vos intentions seront entendues et que vos sorts vous donneront des résultats. Réfléchissez donc bien à quels types de cristaux et de pierres, de symboles et de couleurs seraient les mieux adaptés pour représenter vos intentions magiques et pour faire de votre autel un espace sacré. Ces amplifications peuvent bien sûr changer avec les saisons et doivent donc être personnalisées pour chaque sort. Pensez, par exemple, aux pierres vertes pour refléter la fertilité du printemps tandis que les teintes d'automne comme l'or et l'orange peuvent apporter la prospérité et la force pour les mois les plus froids. Un autre élément clé pour la réussite dans la pratique de la sorcellerie est de se connecter à la nature et de se synchroniser avec les différents cycles et phases naturels.

Dans mon cas, je trouve qu'il y a toutes sortes d'objets naturels qui me *parlent* lorsque j'y fais attention. Par exemple, je suis attirée par les pierres et les cristaux de toutes sortes et donc, chaque fois que je voyage, je cherche quelque chose qui vibre avec la puissance de l'endroit où je me trouve. Cela va ensuite se retrouver sur mon autel, attirant ainsi de la magie de plusieurs endroits. (Il y a bien sûr, des exceptions à cela : ne prenez *jamais* de pierres de lieux sacrés, telle que la roche volcanique d'Hawaii. Je peux attester que la déesse Pelé vous traquera jusqu'à ce que vous la rendiez.) Sur mon autel, j'ai un rocher incrusté de soufre que j'ai trouvé dans le nord-est et qui m'apporte la chance et le bonheur. J'ai des géodes que j'ai ramassées dans l'ouest et qui ouvrent mon espace et mon esprit à de plus grandes possibilités. J'ai aussi gardé un cristal d'andalousite que j'ai trouvé au Maroc qui irradie la puissance psychique et que j'ai placé à côté d'une figurine de Bouddha en jade que j'ai achetée en Chine. Ces choses me rappellent non seulement mes voyages, mais aussi tout ce qui m'a ouvert l'esprit aux diverses énergies et pierres provenant de différentes cultures et que l'on peut trouver de partout. Je garde aussi au centre de mon autel une petite branche lisse que j'ai gardée depuis mon enfance. Elle m'aide à recentrer ma magie et à garder les pieds sur terre. Vous pouvez clairement voir que tout ce que vous trouvez et qui interpelle votre énergie et vous aide à garder un esprit clair mérite de se retrouver sur votre autel.

En fin de compte, la fonction principale de votre autel est d'arranger vos matériaux magiques d'une manière réfléchie et énergisante qui exprime clairement vos intentions pour un sort particulier. Ceci varie, bien sûr, en fonction du sort, de l'intention et des préférences individuelles de la personne qui va lancer le sort. Il existe néanmoins quelques lignes directrices qui vous aideront à démarrer avec succès. Gardez les symboles ou les outils associés à la terre ou aux éléments d'eau à gauche du centre, en plaçant les objets associés aux éléments d'air et de feu à droite du centre. La partie centrale de l'autel est destinée à ce que vous considérez comme vos symboles magiques les plus puissants et est aussi l'espace dans lequel vous configurez votre bougie spécifique pour un sort particulier. Pour maximiser le flux d'énergie, vous pouvez faire encore plus élaboré et placer des éléments de terre orientés nord, des éléments de feu orientés sud, des éléments d'eau orientés vers l'ouest et des éléments d'air orientés vers l'est : ce sont les orientations cardinales qui correspondent à chaque élément fondamental. Beaucoup d'autels présentent une bougie au sud pour le feu, un petit bol de sel au nord pour la terre, un calice d'eau à l'ouest pour l'eau et une plume à l'est pour l'air. Mais arrangez votre autel selon votre intuition : c'est sans aucun doute la meilleure façon de glaner le maximum de puissance de votre espace.

Souvenez-vous que votre autel est doté d'un sens de la vie : vous devez vous en occuper comme vous le feriez pour une plante d'intérieur ou un animal de compagnie. Sans entretien, un autel perd son énergie et devient comme stagnant et froid. Assurez-vous que votre autel est suffisamment important à vos yeux pour que vous vous en occupiez bien : il devrait représenter une partie de vous et de votre énergie magique. C'est un espace sacré, plein de puissance, d'intention et de sérénité mais il devrait aussi être propice à un usage pratique. S'il y a tellement de choses que lancer des sorts devient un acte difficile ou si votre sort ne donne pas les meilleurs résultats, alors il est temps de repenser et de réarranger l'espace. Vous pouvez aussi "recharger" votre autel à l'occasion si vous sentez qu'il perd de sa puissance, en utilisant certaines des méthodes suivantes pour charger les bougies.

NETTOYAGE ET RECHARGE DES BOUGIES

Une fois l'autel installé et un sort de choisi, il est temps de s'occuper de votre objet magique principal : la bougie. Choisissez une couleur appropriée pour votre sort, bien sûr, puis assurez-vous de nettoyer la bougie. Cela peut se faire de différentes façons : si vous avez confiance dans votre travail de sorcellerie et que vous êtes clair dans votre message, vous pouvez nettoyer une bougie simplement avec des intentions. Vous pourriez également envisager un rituel de fumigation pour la bougie en utilisant de la sauge ou du romarin pour éliminer les énergies négatives qui pourraient encore planer. C'est une méthode pour éloigner les associations industrielles et commerciales de la bougie ; le processus d'emballage et d'expédition enlève sûrement l'énergie positive d'une bougie. Personnellement, je procède moi-même à un rituel pour nettoyer l'espace avant de commencer toute magie tout en ayant vérifié que mes bougies soient auparavant chargées.

Le fait de "charger" les bougies avant de les utiliser leur confère encore plus de puissance pour lorsqu'elles sont utilisées dans la sorcellerie et cela peut également être fait de différentes façons. L'un des moyens les plus efficaces de charger un objet magique est de lui permettre de se baigner au clair de lune : une nuit sous la pleine lune peut charger complètement une bougie ou tout autre article, tandis qu'une semaine sous une lune croissante fonctionne aussi bien. Vous pouvez également charger une bougie en l'alignant avec une pierre de quartz pendant toute une journée car c'est un booster d'énergie. Vous pouvez aussi organiser des pierres autour d'elle, selon les correspondances attribuées aux quatre éléments et les quatre points cardinaux : cela invite toutes les énergies disponibles à converger vers votre bougie. Vous créez ainsi un flux d'énergie spirituelle qui est ouvert à vos intentions. Ce type de chargement peut également se faire avec votre autel.

SCULPTER ET OINDRE DES BOUGIES

Vous pouvez sculpter vos bougies pour les préparer à votre sorcellerie. Cela signifie que vous devriez littéralement graver vos intentions sur la bougie en utilisant des mots, des phrases ou des runes magiques qui résument ce que vous voulez que le sort manifeste. Vous pouvez aussi graver des symboles magiques particuliers sur la bougie, afin de renforcer ses liens avec le monde naturel et/ou spirituel et de créer un flux d'énergie plus intense. Si vous n'atteignez pas les résultats que vous souhaitez dès vos premiers sorts, essayez différentes méthodes pour voir ce qui fonctionne le mieux pour votre magie. Si les mots et les phrases ne fonctionnent pas, essayez les symboles et vice versa.

Vous pouvez également augmenter votre taux de réussite en huilant ou en "habillant" vos bougies avant le sort. Cela implique de frotter la bougie avec des huiles essentielles appropriées à votre intention (ou dans certains cas, ajouter une goutte ou deux à l'endroit où la cire va se regrouper en coulant). Si votre sort implique de vous apporter quelque chose (amour, amitié, prospérité, etc.), il faut huiler la bougie du haut en descendant au milieu, puis du bas vers le milieu. Si votre sort a pour but de rejeter quelque chose (comme dans les sorts de bannissement ou de protection), alors il vaut mieux commencer au milieu en remontant vers le haut puis en allant du milieu vers le bas.

Enfin, vous pouvez stimuler l'énergie d'une bougie encore plus loin en la huilant pour commencer avant de la rouler dans des herbes qui correspondent aux intentions de votre sort. Voici donc plusieurs manières d'augmenter la puissance de vos sorts. Vous trouverez dans la deuxième partie du livre, des instructions pour utiliser certaines méthodes d'amélioration de l'énergie pour certains sorts en particulier.

4

L'INTERPRÉTATION

Alors que vous commencez à pratiquer votre magnifique magie des bougies, vous allez vouloir apprendre à interpréter ce que vos bougies essaient de vous dire avec leur danse mystérieuse. Pourquoi une flamme semble parfois vaciller, parfois s'allonger de façon intense et parfois juste se balancer doucement ? Pourquoi la cire coule-t-elle parfois par gouttes et parfois non ou comment peut-elle parfois créer des dessins géométriques d'une complexité fascinante? Développer votre compétence magique nécessite d'acquérir les connaissances nécessaires pour analyser les messages que vous allez recevoir. Bien que vous soyez, en effet, l'arbitre des intentions, la bougie elle-même est comme un transmetteur (liés à tous les éléments, comme nous l'avons vu dans les chapitres précédents) pour des réponses à vos demandes. C'est pour moi, l'une des parties les plus fascinantes de la pratique de la magie des bougies : apprendre à interpréter comment vos intentions sont reçues et comprendre comment et pourquoi vos sorts sont finalement réussis ou pas. La réponse de la bougie vous donne un aperçu crucial des raisons pour lesquelles vos intentions sont réalisées ou pourquoi votre sort a échoué.

Maintenant que vous savez choisir la bougie parfaite pour un sort, analyser sa forme, sa taille et sa couleur et l'orner de quelque symbole ou puissance que vous jugez pertinent à vos intentions, vous pouvez commencer à plonger dans l'art de l'interprétation. Une bougie communique quelque chose d'important pour vous mais ce qu'elle essaie de communiquer est révélé à travers certains symboles qu'il faut déchiffrer et cela dépend de votre propre intuition. En d'autres termes, les explications suivantes pour des signaux particuliers sont renforcées par vos propres intentions, sentiments et pouvoirs. Vous pouvez développer votre propre symbologie des bougies au fil du temps au fur et à mesure que vous vous familiarisez avec la façon dont vos sorts interagissent avec les bougies elles-mêmes. En tout cas, il y a trois branches d'interprétation qui sont pertinentes pour la pratique de la bougie : la divination par le feu (que certains appellent pyromancie, sa propre branche importante de la magie), la divination par cire (ou céromanie) et la divination par la fumée (ou la capromanie). Nous allons explorer chacune d'elles à tour de rôle.

N'oublions pas que toutes les façons dont une bougie réagit à notre ministère peuvent être expliquées par la science et la logique grâce à la connaissance des réactions physiques et chimiques. Mais parce que nous avons toutefois apporté la bougie dans un espace magique – une fois préparée comme décrit dans le chapitre précédent - nous lui avons conféré une puissance supérieure à la somme de ces explications. Elle existe maintenant dans notre royaume magique et l'une des constantes de la magie est que *tout* signifie quelque chose. Nous devons juste comprendre ce que ces signaux signifient pour *nous*.

LA DIVINATION PAR LE FEU :

◈ **Une Combustion Propre** : typiquement parlant, si une flamme de bougie ne fait pas vraiment grand-chose alors c'est un bon signe que votre message est entendu. Votre sort est probablement en train de fonctionner bien qu'il puisse ne pas se manifester d'une manière très dramatique ou évidente.

◈ **Flamme Haute ou Vive** : si votre bougie brûle et se maintient haute et forte, cela indique que votre magie est puissante et que vos intentions sont claires. Vous allez très probablement obtenir d'excellents résultats de votre sort.

◈ **Flamme Petite mais Constante** : bien que ce soit encore un signe que vos intentions sont entendues, cela indique habituellement que le pouvoir derrière celles-ci est quelque peu faible. Vous devriez peut-être mieux concentrer vos énergies ou clarifier vos intentions. Si vous augmentez votre concentration pendant le sort, vous pouvez commencer à voir des résultats dans la flamme ; si elle grandit, c'est peut être le signe que votre concentration est devenue plus intense. Dans tous les cas, votre sort devrait récolter quelques résultats, même si ce n'est pas dans la mesure que vous espériez.

◈ **Flamme Petite et Faible :** si la flamme est à la fois petite et faible, semblant s'enfoncer dans la cire, alors c'est un signe certain que vous demandez quelque chose qui est hors de portée – du moins pour le moment. Si cette faible flamme succombe à la cire, elle signale que votre demande est tombée dans l'oreille d'un sourd. Réévaluez alors vos intentions : sont-elles, en fait, réalisables? Si c'est le cas, le moment est donc probablement mal choisi. Ressaisissez-vous et consultez votre calendrier pour un moment plus propice.

◈ **Flamme Dansante** : ce signe mystérieux indique souvent qu'il y a des forces à l'œuvre au-delà de vos intentions. Bien sûr, une flamme dansante révèle beaucoup d'énergie mais cette énergie est diffuse et chaotique et il peut donc y avoir d'autres facteurs qui entravent votre travail de sorcellerie. C'est à ce moment que vous devez regarder profondément dans la flamme pour voir ce que ses mouvements pourraient signifier pour vous : regardez-la avec les yeux ouverts mais détendus. Vous regardez *dans* et même *au-delà* de la flamme pour discerner ce que les signes vous communiquent.

◈ **Flamme Rapide et Tremblante** : si la flamme agit comme si elle était allumée et éteinte, tremblant rapidement avec une tendance perceptible, cela indique alors qu'il y a de fortes énergies présentes. Cela signifie souvent que vous êtes clairement entendu dans le moment présent et vous devriez donc vous attendre à des résultats rapides et décisifs. Une flamme vacillante est aussi une bonne occasion de pratiquer la divination en général car son mouvement rythmique peut vous mettre dans un état de transe.

◈ **Flamme Crépitante** : si la flamme émet comme un sifflement, cela peut être le signe d'une interférence ; quelqu'un ou quelque chose agit à l'encontre de votre sort. Si cette flamme brûle également de manière intégrale, vous pouvez être presque certain qu'une sorte d'interférence précède votre sort. Toutefois, dans le cas d'une bougie particulièrement bruyante, il est possible que les esprits et les ancêtres essayent de vous parler, il est donc préférable de les écouter.

◈ **Flamme Bleue**: si votre bougie produit cette rare flamme bleue, vous êtes alors sûr d'être en présence d'énergies fortes et bénéfiques. Asseyez-vous et profiter de cette puissance : une flamme bleue indique que vous avez réussi à invoquer la magie la plus puissante qui soit. Les flammes rouges ou jaunes qui sont plus courantes, indiquent que votre magie fonctionne mais elles ne sont pas aussi puissantes que la flamme bleue, plus élusive.

◈ **Flamme Eteinte** : si la flamme s'éteint tout simplement de façon soudaine et sans votre intervention, le sort est alors clairement terminé. Généralement, cela indique que votre requête ne sera pas acceptée et que quelque chose de plus puissant que votre magie oppose vos intentions - du moins pour le moment. Dans certains cas, par contre, cela peut simplement signifier que votre intention a été entendue. Si votre demande et le sort sont clairs et simples, alors il ne faudra peut-être pas beaucoup de temps ni de concentration pour que vos intentions soient entendues.

◈ **Flamme "Eternelle"** : si la flamme refuse d'être éteinte, alors cela vous indique clairement que vous n'êtes pas tout à fait terminé. Vous avez peut-être manqué un élément important en cours de route ou vous avez besoin d'un moment pour augmenter votre puissance ou clarté. Restez donc une minute avec elle et essayez de comprendre ce que vous avez pu manquer avant de tenter d'éteindre la bougie une nouvelle fois. Sachez aussi que la plupart des sorts demandent de laisser la bougie brûler toute seule, tandis que ceux qui imposent d'éteindre la flamme nécessitent d'étouffer la bougie ou en pincer la mèche. Il vaut mieux ne jamais souffler une bougie lorsque vous pratiquez votre sorcellerie : cela anéantit les intentions.

◈ **Refus de s'Allumer** : si une bougie résiste obstinément à votre tentative de l'allumer, alors vous feriez mieux d'abandonner. Soit vos intentions sont déjà déterminées par des forces extérieures, soit elles ne sont tout simplement pas à votre portée. Prenez le temps de réfléchir à ce qui pourrait bloquer votre magie. Il vous faudrait peut-être nettoyer à nouveau votre espace - ou vous-même - et reconsidérer vos intentions initiales.

DIVINATION PAR LA FUMÉE :

◈ **Abondance de Fumée** : si votre bougie produit beaucoup de fumée pendant votre pratique, c'est la manière pour la bougie de reconnaître l'élément de l'air. Cela n'indique pas nécessairement que le sort soit un succès ou un échec ; au lieu de cela, il vous invite à méditer la fumée, à analyser ce que vous voyez et qui pourrait aider à mieux comprendre ce qui est en jeu dans vos intentions.

◈ **Fumée qui s'Eloigne** : si la fumée de la bougie s'éloigne de vous, le sens dépend du sort lancé. En général, la fumée qui s'éloigne de vous indique que votre énergie est diffuse et en train de se dissiper, ce qui éloigne vos intentions. Cependant, lorsque vous lancez des sorts qui concernent les actions des autres ou bien vos intentions de guérir ou encore créer une influence sur les choses, alors cela peut indiquer que vos intentions sont entendues et sont en chemin vers leur ultime destination.

◈ **Fumée qui se Déplace** : si la fumée de la bougie se déplace vers vous, cela signifie généralement que vous attirez l'énergie et que avez la bénédiction concernant vos demandes. C'est un très bon signe quand on lance des sorts d'amour ou d'argent. Cependant, si vos intentions sont négatives - tout comme vous avez été prévenu dans l'introduction à la partie I - alors cela peut indiquer que vous êtes rattrapé par vos intentions négatives et avec des conséquences imprévues.

◈ **Fumée Blanche** : cela est presque toujours interprété comme un signe positif indiquant qu'il y a des éléments bénéfiques qui écoutent vos intentions. Si une bouffée de fumée blanche apparaît à un moment particulièrement opportun (tel au moment où vous envisagez l'aboutissement de votre intention), alors il est presque certain que votre demande sera accordée.

◈ **Fumée Noire** : ceci n'est pas toujours un mauvais signe, bien que le plus souvent c'est un signal que vous n'aurez aucune chance avec cette demande et que vous allez devoir faire plus de travail - plus de nettoyage, plus de préparation - avant de tenter à nouveau ce sort. Il vous avertit essentiellement de ne pas perdre de temps jusqu'à ce que vous soyez complètement prêt.

DIVINATION PAR LA CIRE :

◈ **Cratère de Cire** : si votre bougie brûle à travers le milieu mais laisse de grandes étendues de cire non brûlée autour du périmètre, cela indique que le sort n'était probablement pas assez puissant pour fonctionner. C'est la raison pour laquelle les bougies piliers ne sont pas toujours recommandées pour la magie des bougies : elles ne brûlent pas complètement, ce qui signifie que les intentions ne peuvent pas être entendues complètement. Essayez d'améliorer la puissance de votre magie avec des symboles et / ou avec des onctions ou bien clarifiez et intensifiez le message de vos intentions. Vous pouvez aussi faire comme moi et réessayer avec une bougie différente (comme un cône) qui permettra de mieux canaliser le flux de votre énergie. Utilisez plutôt les bougies piliers pour le travail de sorcellerie qui vous appelle à utiliser une bougie au cours de beaucoup de journées et avec un plan d'utilisation pour les restes de la cire. J'explique tout sur les bougies piliers ou les votives et quand elles sont utiles dans la deuxième partie du livre.

◈ **Flaque de Cire** : c'est ce qui arrive quand votre bougie brûle rapidement, laissant une flaque de cire dans son sillage. Bien que ce ne soit pas nécessairement un signal négatif, cela indique que votre niveau de passion derrière votre intention est particulièrement intense (ce qui peut avoir un impact inattendu sur votre magie, alors faites preuve de prudence). En outre, ce résidu de cire vous donne la possibilité de plus d'analyse : regardez ce que ça dit, comment ça vous parle. Ce genre de divination pourrait vous donner des informations précieuses pour votre prochain sort ou votre avenir en général. Vous pouvez trouver une foule de ressources qui interprètent diverses formes, si vous décidez de faire des recherches, mais vous pouvez également compter sur votre propre intuition et votre ressenti.

◈ **Cire sans gouttes** : si votre bougie brûle régulièrement sans créer de traînées de cire ou de gouttes, cela indique que votre sort et vos intentions sont clairs et acceptables. Vous pouvez vous attendre à des résultats décisifs.

◈ **Gouttes de Cire** : si, d'autre part, votre bougie laisse couler beaucoup de cire, cela pourrait signifier que votre sort est mal conçu ou désordonné. Si les gouttes se rassemblent d'un côté ou de l'autre de la bougie, cela indique que quelque chose – vos intentions, vous-même ou vos pouvoirs - sont déséquilibrés. Des gouttes vers la gauche pourraient signifier que vos énergies psychiques ont besoin d'être ancrées alors que des gouttes vers la droite pourraient signifier que vous n'êtes pas entièrement investi dans la magie car vos propres pensées intrusives ou vos propres croyances sceptiques pourraient vous empêcher de faire cela correctement.

◈ **Restes de Bougies** : si la mèche dépose des taches noires dans la cire, cela indique que votre travail de sort peut avoir des conséquences imprévues. Vous risquez donc de devoir faire un peu de nettoyage une fois le sort complété. Pensez au bagage que vous pourriez avoir involontairement apporté au sort (culpabilité ou tristesse, anxiété ou peur) et faites ensuite le travail nécessaire pour régler les détails.

◈ **Suie de Bougie** : si vous brûlez une bougie dans un verre, vous pourriez vous retrouver avec un dessin laissé par la suie et que vous pouvez interpréter. Typiquement, si vous voyez de la suie seulement autour du haut du récipient de bougie, alors vos énergies ont éliminé ce qui pouvait bloquer votre magie. Mais si la suie recouvre tout le récipient, vous avez alors probablement été bloqué dans votre demande à ce moment. Faites une pause, le temps de réessayer lorsque vous vous sentirez plus énergique.

◈ **Fin Inexplicable** : si votre bougie fait quelque chose de totalement inattendu (par exemple si elle brûle dans un récipient à bougie chauffe-plat en plastique ou si elle explose partiellement ou fait même encore quelque chose d'autre), vous devriez alors pensez que votre sort ait probablement été rejeté. Dans ce cas, vous devriez probablement nettoyer votre espace et réfléchir longuement pour savoir si cela vaut la peine de continuer avec ce sort.

Comme je l'ai déjà mentionné au début de ce chapitre, cet aspect de la pratique de la magie des bougies peut se révéler comme l'une des parties les plus créatives de la sorcellerie. Vous allez puiser dans votre intuition et vos pouvoirs d'interprétation pour produire votre propre vocabulaire magique dont vous allez vous servir pour vérifier que votre travail soit bien fait et avec succès. De façon générale, cela va également accroitre votre capacité de divination et vous aider à devenir plus connecté avec le flux d'énergie magique dans votre vie de tous les jours.

5

APRÈS UN SORT

Une fois votre sort terminé, il est important de bien réfléchir à comment vous débarrasser de tous les objets utilisés lors du rituel. Il n'est pas recommandé de simplement jeter à la poubelle une bougie consumée ou tout autre outil magique sans savoir ou cela va terminer. En fait, dans la plupart des cas, vous pouvez augmenter la puissance de votre sort en pratiquant soigneusement des routines post-rituel bien précises. Pour commencer, vous devez apprendre à compléter un sort en terminant avec une routine magique appropriée. Ensuite, il existe des consignes de base, selon le sort, sur comment disposer des bougies ou comment se servir des matériaux déjà utilisés pendant un sort pour une communication ou une fin ultérieure.

Nous allons tout d'abord examiner la méthode pour compléter un sort car il n'est pas suffisant de simplement passer à autre chose une fois votre intention communiquée et votre bougie consumée. Comme dans plusieurs des rituels à conséquence, la conclusion a tout autant de valeur. Comme nous allons le voir ci-dessous, il est important de soigneusement disposer des objets utilisés lors d'un rituel mais il est également important de conclure une session de sorcellerie par un geste définitif. Par exemple, je trace un cercle lorsque je pratique mes sorts. Bien que cette pratique ne soit pas nécessaire lorsque vous faites de la magie, personnellement je trouve que cela m'aide à me concentrer sur mes intentions et à me vider la tête pour que je puisse utiliser toute mon énergie pour mon sort. Tracer un cercle, c'est préparer un espace pour votre sorcellerie (ou toute autre cérémonie ou rituel magiques que vous souhaitez faire). Il faut en fait établir un périmètre délimité à l'intérieur duquel vous allez pratiquer votre magie en plaçant des objets utiles à votre magie tout autour.

Normalement, je trace un petit cercle autour de mon autel pour une magie de base mais je trace un plus grand cercle autour de la pièce où je vais travailler pour toutes intentions qui sont d'importance ou qui nécessitent beaucoup d'énergie. Occasionnellement (bien que rarement), je trace un cercle autour de ma maison pour des sorts plus puissants durant différents évènements saisonniers. Cela signifie tout simplement marquer votre territoire magique en utilisant des pierres ou des cristaux, des herbes spéciales ou du sel (qui a des pouvoirs de purification) pour tracer un vrai cercle. Si vous souhaitez quelque chose de plus élaboré encore, vous pouvez placer des objets de rituel appropriés afin de marquer les quatre points cardinaux ; je fais cela lorsque je souhaite générer un flux d'énergie particulièrement puissant. Le cercle est donc l'endroit où déposer vos intentions, nettoyé de contre-énergies et prêt à faire briller votre magie. Lorsque votre sorcellerie est terminée, vous pouvez fermer le cercle en enlevant les objets dans l'ordre inverse où vous les y aviez déposés initialement, tout en remerciant les éléments et les énergies qui ont participé à vos intentions durant cette session.

Sachez que vous n'avez pas toujours à tracer un cercle pour pratiquer votre sorcellerie bien que, comme je l'ai déjà dit, cela m'aide à me mettre dans l'ambiance du sort tout en me concentrant l'esprit et en cernant bien mes intentions. Si vous manquez de temps ou d'envie, vous pouvez simplement fumiger votre espace en brûlant de la sauge ou du romarin pour chasser quelconque énergie négative. Vous pouvez également tracer un cercle sans utiliser d'objets mais tout simplement en reconnaissant les quatre points cardinaux ainsi que l'espace où vous allez faire votre magie. La puissance de la pensée et de l'intention est un aspect central de toute magie et c'est donc parfois approprié à cette activité. Cela ne tiendra qu'à vous de décider de ce qui fonctionne le mieux pour votre magie des bougies. Pensez juste à démontrer votre reconnaissance et votre gratitude aux forces qui vous ont aidés avec votre intention.

Apres avoir terminé votre rituel, il est important pour plusieurs raisons, de disposer soigneusement des objets du rituel. Premièrement, ces objets ont eu une signification importante pour vous et ils sont imprégnés de votre magie ; les jeter sans aucune cérémonie serait tout comme jeter le pouvoir que vous avez si soigneusement accumulé. Vous n'avez aucune envie que ces objets terminent dans une déchetterie or tombent dans les mains de forces négatives. Deuxièmement, si les restes de tous vos travaux de sorcellerie commencent à s'accumuler, cela va non seulement vous encombrer inutilement physiquement, mais cela peut aussi bloquer vos nouvelles intentions en créant un encombrement psychique. Nous sommes tous naturellement plus productifs si nos esprits et notre espace sont vides de pensées ou de choses encombrantes. Troisièmement, la plupart des praticiens de la magie ont un sens du respect envers l'environnement qui les motive à disposer de tout objet magique de manière à démontrer leur respect ainsi que leur responsabilité éthique envers la nature. Et donc, pour toutes ces raisons, vous devriez éviter de jeter quoique ce soit à la poubelle et favoriser plutôt d'autres options pour vous débarrasser de vos restes. Vous trouverez dans la Partie II des instructions spécifiques à cet effet mais voici quelques consignes pour vous guider avec comment vous débarrasser d'objets utilisés dans des rituels, de façon propre et respectueuse.

◈ **Recyclez** : il y a certains objets magiques que vous pouvez réutiliser, surtout si vous prenez le temps de les recharger (comme expliqué dans le Chapitre 3). Par exemple, la plupart des pierres et des cristaux utilisés dans les sorts sont rechargées et réutilisés. Les objets que vous avez placés sur votre autel sont aussi normalement là pour une certaine durée de temps, même si vous pouvez modifier les arrangements si vous sentez que votre magie a perdu de sa puissance. Certains objets comme les herbes ou la nourriture, les huiles essentielles ainsi que tout ingrédient ou component organique ne sont jamais réutilisés car leur magie est généralement utilisée pour et durant un seul sort à la fois. Finalement, certains objets de rituel – les bougies inclues – peuvent être parfois réutilisés. De manière générale, une fois qu'une bougie a été attribuée à un sort en particulier, on la considère comme consumée une fois que le sort est terminé (vous pouvez recycler la cire pour en faire des bougies maison comme expliqué auparavant) mais il y a des exceptions basées sur votre propre intuition. Si vous sentez que votre bougie n'a pas complètement usé de toute son énergie, vous pouvez évidemment vous en resservir. Une grande partie de la magie nécessite de gagner de la confiance en soi et de se servir de ses intuitions.

◈ **Evaluez** : si vous avez une collection d'objets pour rituels que vous ne pensez pas être recyclables, réfléchissez alors à ce qu'ils sont et comment en disposer. Par exemple, si un objet est clairement non biodégradable, il serait nocif d'en disposer en pleine nature. Si un objet pourrait blesser quelqu'un dangereusement s'il tombait dessus par mégarde (tel du verre cassé provenant d'un bougeoir), il vaut mieux alors en disposer de façon responsable et en toute sécurité. Si un objet a une valeur personnelle importante (et plus particulièrement identifiable comme vous appartenant), vous devez alors en disposer le plus discrètement et le plus respectueusement possible. Vous n'avez évidemment aucun désir que ces objets vous causent des problèmes à l'avenir ; ces objets personnels sont souvent imprégnés de vos problèmes personnels non résolus.

◈ **Mettre en Terre :** plusieurs objets de rituels peuvent en fait être enterrés. Cela s'applique aux bougies et spécialement les bougies faites à partir de matériaux naturels car ils ne posent pas de risques pour l'environnement et sont rapidement biodégradables. Cette méthode offre l'avantage de pouvoir démontrer son respect à la nature en redonnant le cadeau que vous avez reçu à son lieu d'origine. Ce geste peut vous paraitre inutile et tout comme jeter votre bougie usée à la poubelle car elle finira aussi en terre, n'est-ce pas ? Ce serait ne pas comprendre la magie qui vous permet de faire quelque chose d'extraordinaire tous les jours. Et donc, trouver un endroit qui convient à votre objet et l'enterrer là où vous semble le plus propice est un geste qui est plus en accord avec l'esprit de la sorcellerie. J'ai un jardin ou je peux mettre tous mes objets biodégradables me permettant de donner de l'engrais à mes herbes magiques grâce aux restes de ma magie passée.

◈ **Disposer par l'Air** : cela n'est pas pratique pour des bougies (vous ne pouvez pas les jeter en l'air et vous en débarrasser de cette façon car même les plus petits morceaux de cire sont trop lourds pour être emportés par l'air) mais vous pouvez le faire avec des cendres qui restent après un sort. Cela est particulièrement pertinent lorsque vous avez jeté des sorts de guérison ou d'éloignement ; vous souhaitez en fait que les mauvaises énergies soient amenées loin par le vent. Vous pouvez également faire de même avec des herbes et du sel si vous vous en êtes servis pour tracer votre cercle ou durant votre sort lui-même.

◈ **Disposer par le Feu** : le feu est peut-être la manière la plus définitive de disposer d'objets de rituel car il peut à la fois les brûler et les consacrer de leurs impuretés. Il est donc mieux de disposer par le feu de choses possédant une signification lourde, Faites quand même attention de ne rien brûler qui puisse contenir des résidus toxiques (comme le plastique) et suivez bien les mesures et protocoles de sécurité pour votre région. Vous ne souhaitez certainement pas être responsable d'un feu destructif en pleine nature ou encore mettre d'autres personnes (ni vous-même) en danger.

◈ **Disposer par l'Eau** : vous pouvez également disposer de ces objets de rituels par la voie d'eau comme une autre manière démontrant respect et attention. L'eau transforme tout ce qu'elle touche et donc, cette méthode de disposer de quelque chose élimine ce qui est ancien et le remplace par une nouvelle énergie. Si vous en avez envie, vous pouvez même vous débarrasser de certains objets dans l'eau de vos toilettes : je ne le fais pas moi-même car je trouve cela déplacé mais certains de mes amis considère cette méthode comme une fin revigorante (une métaphore pour éliminer la "merde" de votre vie). Tout comme avec le feu, faites attention avec toute procédure avec l'eau car il vaut mieux ne pas causer de problèmes de plomberie, ni de pollution des rivières ou des lacs avec des matériaux non biodégradables. Vous pouvez normalement utiliser cette méthode pour des bougies usées et des petits morceaux de cire.

◈ **Autre** : finalement comme options, vous pouvez décider si vous préférez que ces objets magiques usés terminent près de chez vous ou bien dispersés au loin. Dans la plupart des cas, je préfère garder mes objets magiques près de moi : ils me sont personnels et je sens que leur présence aident et augmentent mes pouvoirs avec le temps. Il y a pourtant des exceptions. Si vous souhaitez vous libérer d'une énergie que vous ne voulez pas (une personne, un sentiment, un évènement, etc.), vous allez peut-être trouver plus judicieux d'envoyer cet objet le plus loin possible.

Chaque élément de votre magie de bougies est important, autant de terminer votre rituel proprement que de disposer des objets magiques avec respect et cérémonie. Alors que ces gestes puissant paraitre futiles, ils contribuent en fait à la constellation de vos pouvoirs et vous aident à augmenter votre capacité et améliorer la force de vos intentions.

PARTIE II

LES SORTS

Dans la deuxième partie du livre, nous allons au cœur du débat : comment jeter des sorts en se servant de la meilleure magie des bougies. Vous allez voir que je suis un schéma assez standard pour mes sorts – que vous pouvez bien sûr adapter selon votre intuition personnelle, votre expérience et vos intentions spécifiques qui devraient vous aider à débuter dans la conjuration de vrais résultats. Vous trouverez également des suggestions pour comment accroitre vos capacités lorsque nécessaire et comment gérer les restes de votre pratique.

Dans les chapitres suivants, vous allez découvrir une pléthore de sorts pour l'amour et les relations ainsi que le self-love et la confiance en soi, la passion et la fidélité ; il y a également un chapitre sur les sorts pour la famille et les amis qui portent plus précisément sur la communication et la confiance, la fin d'interférences ainsi que d'amener de nouveaux amis dans votre vie, parmi bien d'autres choses. Vous trouverez également des sorts pour l'argent et la prospérité qui apportent des opportunités et la bonne fortune, aussi bien qu'à éliminer les dettes et trouver les objets perdus. Il y a des sorts destinés précisément à votre travail et vos objectifs de carrière comme trouver un nouvel emploi ou obtenir une augmentation de salaire et accroitre votre motivation. Les sorts pour la santé et le bien-être sont également expliqués avec des sorts spécifiques pour la guérison mais aussi des sorts utilisés plus couramment pour dissiper l'anxiété ou combattre les peurs. Ce même chapitre contient également des sorts pour le sommeil (oh combien en avons-nous tous besoin !) et la créativité parmi d'autres choses. Enfin, nous terminerons avec les sorts de protection si importants pour nous aider à nous sentir plus en sécurité – en paix aussi – dans nos propres vies.

Rassemblez-donc vos matériaux magiques, organisez votre autel et allumez vos bougies : vous êtes prêts à retrouver le monde magique d'une pratique qui va amplifier vos pouvoirs et intensifier vos intentions afin que vous puissiez manifester la vie que vous désirez et que vous méritez.

6

LES SORTS POUR L'AMOUR ET LES RELATIONS

Tout comme avec l'amour lui-même, jeter un sort pour l'amour représente l'une des formes les plus compliquées et mystérieuses de la magie. Parce-que nous sommes culturellement attaches a la grande nature de l'amour – que ce soit l'amour platonique, passionnel, romantique ou spirituel – nous invoquons souvent le vieux cliché qui dit qu' "on peut tout vaincre avec l'amour." Et c'est peut-être vrai mais pour ceux d'entre nous qui allons tenter de jeter un sort d'amour pour la première fois, il vaut mieux savoir que l'on ne conjure pas de l'amour à partir de rien. Il me semble que beaucoup de débutants se trompent sur le réel objectif d'un sort d'amour ou de relation : ils sont destinés à raffiner et accroitre ce qui existe déjà plutôt que de créer quelque chose à partir de rien. La magie des bougies signifie rassembler les énergies qui sont déjà présentes et non les faire sortir de nulle part. Vous ne pouvez donc pas *forcer* un amour qui n'est pas déjà en place tout comme vous ne pouvez pas redéfinir les énergies élémentaires qui vous assistent dans vos intentions. Ceci dit, il n'y a pas de mal à se servir d'un sort pour faire avancer un crush ou bien pour vous consoler à la fin d'une relation. En fait, les sorts suivants sont censés faire ce qui suit : canaliser vos intentions envers une expérience plus importante de l'amour dans n'importe quelle forme tout en nourrissant votre âme lorsque vous avez perdu un amour. Vous allez sûrement trouver parmi ces sorts, un ou deux au moins qui peuvent rebooster votre vie amoureuse et requinquer votre bonheur en imitant la flamme dansante au centre de votre magie des bougies.

MAINTENIR L'AMOUR DE SOI : UN SORT POUR VOUS-MÊME

Puisque tout amour ne s'épanouit que lorsque nous avons cet amour de soi, ce sort est parfait pour commencer avec le thème de l'amour. Après ma rupture, ce sort fut le premier qui a fonctionné pour moi, me rappelant que je méritais de m'aimer moi-même, ce qui au final, a attiré l'amour des autres.

QUAND EFFECTUER CE SORT :
A tout moment durant une lune croissante

DUREE DE TEMPS NECESSAIRE :
Le temps qu'une bougie se consume

CE DONT VOUS AUREZ BESOIN :
1 bougie rouge, bougie conique ou chauffe-plat
Huile essentielle de citron et/ou d'orange
Améthyste ou cristal de quartz rose

ETAPES :

1. Prenez soin de vous laver : lors de la mise en œuvre d'un sort d'amour-propre, prenez un long bain de rituel pour dissiper vos angoisses et vos peurs ainsi que pour vous débarrasser de toute mauvaise énergie. Lorsque vous êtes prêt à commencer le sort, purifiez votre autel ou votre espace. Je recommande une purification avec de la sauge.
2. Choisissez votre bougie : une bougie conique si vous avez besoin d'un grand coup de pouce ou bien une bougie chauffe-plat pour un léger boost. Appliquez de l'huile essentielle pour huiler votre bougie : le citron symbolise le pouvoir de purification et les nouveaux départs alors que l'orange symbolise la joie et l'énergie.

3. Allumez votre bougie rouge ; le rouge symbolise ici le courage et le pouvoir. Lorsque vous l'allumez, imaginez que vous allumez votre propre confiance en vous.
4. Une fois la flamme grande et forte, passez votre améthyste ou quartz rose à travers la flamme (soigneusement, afin de ne pas vous brûler): tout en répétant votre mantra personnel " *Je suis tout puissant. Je suis méritant et gentil. J'aime et je suis aimé.*" Faites cela sept fois.
5. Déposez le cristal devant la bougie et méditez pendant que la bougie brûle tout en vous répétant votre mantra en silence ou en visualisant votre propre valeur. Rappelez-vous vos points forts et vos passions, votre vitalité et votre joie.

INVOQUER VOTRE CONFIANCE

Alors que le sort précédent vous aide à retrouver un sentiment d'amour-propre, ce sort vous aidera à reprendre confiance en vous - utile pour la recherche de l'amour, bien sûr, mais aussi bon pour quand vous cherchez simplement à rencontrer de nouvelles personnes ou à essayer de nouvelles choses. C'est un autre sort simple qui devrait devenir un incontournable chaque fois que vous avez besoin d'un remontant.

QUAND EFFECTUER CE SORT :
Le dimanche pendant une lune croissante ou une pleine lune

DUREE DE TEMPS NECESSAIRE :
Le temps qu'une bougie se consume entièrement

CE DONT VOUS AUREZ BESOIN :
1 bougie conique coleur or
Huile essentielle Ylang-ylang
Un miroir
Papier et stylo

ETAPES :

1. Préparez votre espace : si vous vous servez d'un autel, nettoyez-le et tracer un cercle pour votre concentration.
2. Enduisez votre bougie avec de l'huile ylang-ylang pour booster votre confiance en vous et votre équilibre. La couleur or de la bougie rayonne d'énergie et de succès.
3. Allumez votre bougie et pendant qu'elle brûle, écrivez une liste de palmarès dont vous êtes fier, des caractéristiques que vous maintenez avec soin et tout ce qui représente le meilleur de vous-même.

4. Une fois la flamme presque éteinte, prenez votre miroir (que ce soit un petit miroir à main ou un miroir de pleine longueur) et lisez-vous à haute voix, toutes les affirmations que vous avez mises sur papier pendant que la bougie brûlait.
5. Une fois la bougie complètement consumée, refermez votre cercle et gardez vos affirmations à portée de main : placez les sous votre oreiller et dormez avec pendant sept jours ou gardez-les dans votre poche ou votre sac à main pendant toute la semaine suivante.

LE LÂCHER-PRISE D'UN AMOUR PERDU

Ce sort est une combinaison d'un sort de guérison et d'un sort de purification : vous essayez essentiellement de vous remettre de la fin d'une relation ainsi que de vous purifier et de reprendre des forces pour aller de l'avant. Bien que cela puisse sembler prendre beaucoup de temps en comparaison avec la plupart des sorts que vous verrez dans ce livre, il est important de noter que le lâcher-prise de relations ratées ou de grands amours déchus est l'une des choses les plus difficiles auxquelles nous sommes confrontés en tant qu'humains. Prenez le temps nécessaire pour pleurer ; le deuil fait partie du processus qui nous ramène à la pleine force de la joie toujours présente dans nos vies.

QUAND EFFECTUER CE SORT :
Commencer au début de la lune décroissante

DUREE DE TEMPS NECESSAIRE :
Sept jours

CE DONT VOUS AUREZ BESOIN :
3 bougies piliers : une violette, deux blanches
Outil tranchant pour la sculpture (facultatif)

ETAPES :

1. Nettoyez soigneusement votre espace et chargez vos bougies avant de les utiliser pour de meilleurs résultats (voir le chapitre 3 pour plus de détails).
2. Disposez vos bougies en triangle sur votre autel en mettant la bougie violette en haut et les deux bougies blanches à la base : le violet représente notre pouvoir spirituel, la représentation de notre moi suprême, tandis

que les deux bougies blanches représentent vous et votre amour perdu. Vous pouvez graver votre nom sur chacune d'elles, si vous voulez ou un symbole qui représente chacun de vous à son tour. Cela peut vous aider à bien vous concentrer sur votre intention et à clarifier votre puissance. Le blanc symbolise votre désir de purifier l'énergie négative qui existe entre vous deux.

3. En premier, allumez la bougie qui vous représente, en imaginant vos meilleures qualités et en laissant la flamme emporter le pire de vous. Faites de même avec la deuxième bougie blanche, en vous souvenant du meilleur de votre amant et en laissant le vent emporter le pire. Allumez enfin la bougie violette et laissez-la vous guider vers un endroit paisible, en vous visualisant tous les deux à votre meilleur et sans aucune attente : c'est le lâcher-prise des mauvais sentiments, des mauvais souvenirs et de la peine - vous pouvez tous les deux être à la fois purifiés et forts séparément. Si vos sentiments sont particulièrement acrimonieux au début, utilisez un bouquet de sauge pendant que les bougies brûlent pour dissiper davantage toute énergie négative parmi les bougies symboliques.
4. Lorsque vous vous sentez plus calme et plus serein, éteignez les bougies dans l'ordre inverse, en commençant avec la violette puis la blanche représentant votre amour perdu et en terminant avec la vôtre. Faites cela pendant sept jours jusqu'à ce que la nouvelle lune commence.
5. Alors qu'avec chaque jour, vos bougies brûlent et deviennent plus petites, vous devriez sentir votre sérénité augmenter et votre cœur moins accablé. Une fois le rituel terminé, prenez soin de disposer des restes. Certains d'entre vous pourraient vouloir enterrer les morceaux de cire dans un endroit réconfortant, un souvenir de la

relation disparue, tandis que d'autres pourraient vouloir les laisser partir avec l'eau, les permettant ainsi d'être emportés une fois pour toutes.

REDÉCOUVRIR SON CÔTÉ DÉSIRABLE : UN AUTRE SORT POUR VOUS-MÊME

Une fois que vous vous êtes débarrassé d'un amour perdu, vous allez souvent avoir envie de vous rappeler à quel point vous êtes absolument désirable pour beaucoup. Même si vous ne pleurez pas un amour perdu, redécouvrir son côté désirable est une autre façon de s'ouvrir à l'amour et au succès, sa confiance en soi et une plus grande estime de soi. En fait, ce sort se marie bien avec un relooking : j'aime le lancer au début d'une nouvelle saison, alors que je change ma garde-robe, je choisis une nouvelle coiffure et j'invite de façon générale de nouvelles énergies positives dans ma vie.

QUAND EFFECTUER CE SORT :
Le plus près possible de la pleine lune

DUREE DE TEMPS NECESSAIRE :
Le temps que la bougie brûle

CE DONT VOUS AUREZ BESOIN :
1 bougie conique rouge ou orange
Encens de Patchouli (facultatif)
Cristal de quartz clair

ETAPES :

1. Si possible, Changez votre quartz avant de l'utiliser et purifier votre espace avant de commencer le sort. Allumez votre encens de patchouli avant de commencer le sort, si vous le souhaitez, afin d'améliorer les énergies sexuelles et spirituelles à l'œuvre.
2. Placez votre cristal dans la direction cardinale qui correspond le mieux à l'élément qui va le mieux répondre

à ce que vous désirez : le nord pour la terre, si votre intention concerne un côté désirable général et ancré ; le sud pour le feu si votre intention relève d'une désirabilité sexuelle ; l'ouest pour l'eau si votre intention est pour une désirabilité romantique et l'est pour l'air si votre intention relève du plaisir et de la débauche.

3. Placez votre bougie au centre de votre autel ou votre espace et allumez-la - rouge pour la passion, orange pour la joie - tout en répétant ce simple sort trois fois : *Je désire être vu et bien vu aujourd'hui, sans qu'aucun mal ne vienne à moi. Avec ce feu, je recherche le désir et l'énergie à son maximum.*
4. Imaginez le cristal tirant l'énergie de l'élément que vous avez choisi, brûlant à travers la flamme de votre bougie et coulant en vous comme une fumée brillante.
5. Une fois que la bougie aura brûlé, montrez votre gratitude pour l'élément qui a répondu à votre demande et portez le cristal avec vous pendant sept jours.

ATTIRER L'AMOUR : LE MEILLEUR SORT "AGUICHEUR"

C'est un sort très simple mais extrêmement utile à avoir dans votre répertoire et s'en servir encore et encore, pour diverses raisons. Il est destiné à attirer vers vous l'intention que vous désirez : il peut non seulement évoquer l'amour, mais il peut aussi vous apporter tout ce dont vous avez besoin à un moment donné. En changeant légèrement vos outils magiques, ce sort est complètement polyvalent.

QUAND EFFECTUER CE SORT :
Commencez pendant une lune croissante, de sorte que votre sort final culmine à la pleine lune

DUREE DE TEMPS NECESSAIRE :
Jusqu'à neuf jours

CE DONT VOUS AUREZ BESOIN :
2 bougies coniques ou piliers
Une intention écrite sur un bout de papier
Huiles d'onction, symboles (facultatif)

ETAPES :

1. Choisissez vos bougies selon ce que vous souhaitez inviter dans votre vie : les bougies rouges vous apporteront la passion; les bougies roses vous apporteront l'amour ou l'amitié ; les bougies vertes introduiront la bonne fortune ou la richesse dans votre vie ; les bougies bleues peuvent apporter paix et harmonie et ainsi de suite.
2. Vous pouvez encore améliorer la puissance de votre magie de bougies en inscrivant chaque bougie avec un symbole ou un mot qui représente vos intentions, ou en l'enduisant avec les huiles correspondantes (comme le patchouli ou la

cannelle pour la passion, le rose pour la romance, le basilic pour la fortune et la lavande ou la camomille pour la paix).

3. Nettoyez votre espace et disposez vos bougies côte à côte, avec votre intention écrite entre les deux. Soyez sûr que votre intention soit claire et que votre objectif soit fort.
4. Allumez les deux bougies et une fois que la flamme brûle à un rythme régulier, passez votre intention sur les flammes de chacune d'elles, permettant au feu de consumer l'intention et la transmettre au plan éthéré. Il vaut mieux faire preuve de prudence et utiliser des pinces pour tenir le papier et un récipient ignifuge pour attraper les cendres.
5. Une fois que vous avez terminé, dispersez les cendres au vent ; vous invoquez ainsi l'élément de feu pour allumer l'intention et l'élément de vent pour livrer cette intention. Il y a deux façons de compléter ce sort : si vous êtes disponible à la pleine lune, utilisez sa puissance pour lancer ce sort une fois avec des bougies coniques que vous laissez brûler complètement – du moment que votre intention soit claire et que votre puissance soit fluide. D'autre part, si vous planifiez à l'avance, vous pouvez lancer ce sort pendant neuf nuits consécutives en utilisant des bougies piliers que vous éteignez chaque nuit, culminant à la pleine lune, ce qui peut augmenter la probabilité d'une réponse définitive.

TROUVER UN AMOUREUX FIDÈLE

C'est un sort puissant qui peut même vous apporter une âme sœur pour la vie. Alors que les éléments dont vous aurez besoin sont assez simples, le sort en lui-même est quelque peu compliqué car il nécessite une bonne compréhension des quatre directions cardinales et de leurs éléments correspondants. Vous essayez d'exploiter un libre flux d'énergie qui va créer une opportunité pour un amour durable et fidèle.

QUAND EFFECTUER CE SORT :
À la pleine lune (notez qu'il peut être plus puissant lorsqu'il est exécuté à l'extérieur)

DUREE DE TEMPS NECESSAIRE :
20-30 minutes

CE DONT VOUS AUREZ BESOIN :
4 bougies coniques rouges
2 bougies coniques blanches

ETAPES :

1. Nettoyez soigneusement votre espace : assurez-vous que l'espace soit assez grand pour que vous puissiez vous tenir debout ou assis au milieu de votre arrangement de bougies. Si vous décidez de le faire à l'intérieur ou à l'extérieur, prenez toujours les bonnes précautions nécessaires : vous ne voulez pas allumer un feu !
2. Orientez-vous vers le nord et placez vos quatre bougies rouges aux quatre directions cardinales. Allumez chacune des bougies à son tour, en commençant par votre bougie vers le nord et en invoquant la puissance de la terre. Ensuite, déplacez-vous sur votre droite dans le sens des

aiguilles d'une montre et allumez la bougie à l'est, symbolisant l'air ; puis la bougie au sud, symbolisant le feu et enfin, la bougie à l'ouest, représentant l'eau. Vous invoquez ainsi tous les pouvoirs élémentaires pour vous aider dans vos intentions.

3. Retournez-vous vers le nord et allumez vos bougies blanches. Placez la première bougie légèrement sur votre gauche, toujours orientée au nord et placez la deuxième bougie légèrement sur votre droite. Répétez votre intention lorsque vous observez les flammes s'élever et rester stables.
4. Maintenant, prenez les deux bougies blanches (encore une fois, avec prudence) et inclinez-les les unes vers les autres de sorte que leurs flammes se mêlent entre elles pendant que vous gardez votre intention bien à l'esprit.
5. Eteignez les flammes en soufflant dessus pour envoyer ainsi l'intention sur le plan éthéré, puis fermez le cercle que vous avez créé en étouffant chaque bougie rouge dans l'ordre inverse (de l'ouest au sud, à l'est, au nord). Assurez-vous d'enterrer les bougies blanches dans un endroit important, afin que la terre puisse nourrir l'intention et l'aider à se réaliser.

GUÉRISON DU MALHEUR : UN SORT RELATIONNEL

Ce sort ne doit être exécuté qu'en de bonnes occasions et ne doit pas être trop utilisé ; il est délicat de maintenir un équilibre pour bannir les mauvaises parties d'une relation amoureuse sans nuire au bonnes parties. Il est donc important de bien choisir le moment opportun, en suivant les consignes ci-dessous, mais aussi en vous appuyant sur votre sens de l'énergie et en travaillant lorsque vous sentez que vos pouvoirs sont à leur maximum. Le sort s'avérant être assez délicat, il faudra peut-être vous y prendre à plusieurs reprises avant d'y parvenir. Soyez patient et suivez vos intuitions.

QUAND EFFECTUER CE SORT :
Pendant une lune croissante et au printemps ou à l'automne pour des résultats plus puissants

UREE DE TEMPS NECESSAIRE :
Le temps que la bougie se consume complètement

CE DONT VOUS AUREZ BESOIN :
1 bougie conique rouge
Lavande séchée, cataire et gingembre

ETAPES :

1. Nettoyez soigneusement votre espace : je recommande une purification complète de la zone (même de toute la maison, si cela semble nécessaire). C'est aussi un sort pour lequel je ferais un cercle avant de commencer : en fait, vous voulez que toute l'énergie se rassemble au centre de votre intention.
2. Asseyez-vous en tailleur, comme pour méditer et placez votre bougie devant vous. Assurez-vous qu'il n'y ait pas de

lumières artificielles pour vous distraire de la bougie et du rituel qui va suivre.

3. Allumez votre bougie et concentrez vos intentions dans le bas de votre abdomen : sentez votre énergie romantique et sexuelle à cet endroit et poussez-la vers le haut et l'extérieur en direction de votre bougie, remontant à travers la bougie et à travers sa flamme. Lorsque vous sentez que votre énergie ait atteint son apogée, frottez les herbes entre vos paumes et dispersez-les autour de vous. Celles-ci travaillent à purifier les énergies négatives tout en intensifiant les énergies positives.
4. Récitez votre intention tout en regardant la bougie brûler, manifestant votre intention - écrire quelque chose de personnel sur la question ou les choses à guérir peut aussi être une chose très puissante.
5. Quand la bougie aura brûlé et que le sort sera terminé, laissez les herbes séchées s'envoler avec le vent et dormez avec les restes de la bougie sous votre oreiller jusqu'à la pleine lune.

RAVIVER LA PASSION : UN SORT À LA FLAMME DE BOUGIE :

C'est le genre de sort qui peut être lancé chaque fois que vous sentez que votre relation a besoin d'un coup de fouet (vous pourriez également investir dans une soirée ou une nouvelle lingerie lorsque vous songez à lancer ce sort : ça ne peut certainement pas faire de mal).

QUAND EFFECTUER CE SORT :
Juste avant la pleine lune

DUREE DE TEMPS NECESSAIRE :
15-20 minutes

CE DONT VOUS AUREZ BESOIN :
2 bougies piliers rouges
Huile essentielle de rose
Ficelle, rouge de préférence
Intention écrite

ETAPES :

1. Préparez votre espace et vos bougies : sur une des bougies, gravez-y un cœur (cela symbolise votre amant), et sur l'autre bougie, gravez un symbole d'attraction, comme une lune ou un éclair.
2. Placez les bougies à votre gauche (côté cœur) avec la bougie avec le cœur à gauche de l'autre et attachez-les avec une ficelle pour ensuite les enduire chacune de quelques gouttes d'huile de rose.
3. Allumez les deux bougies et attendez que les flammes soient bien développées. Lorsque vous sentez la force de

leur énergie, mettez votre intention écrite à brûler dans la flamme de la bougie gauche (celle avec le cœur).

4. Laissez les bougies brûler jusqu'à l'endroit où la ficelle les lie ensemble en prenant soin de ne pas laisser la ficelle brûler ou les bougies d'être coupées. Eteignez-les doucement en les maintenant liées.
5. À la pleine lune, placez les bougies encore liées à un endroit où elles peuvent absorber la lumière de la pleine lune puis enterrez-les ou brûler-les complètement.

SÉPARATION PACIFIQUE : UN AUTRE SORT DE RELATION

Le lâcher-prise du passé est un autre obstacle à notre bonheur et pourtant, c'est parfois la décision la plus saine que nous puissions prendre – surtout lors d'une séparation avec un ancien amant. Si vous êtes arrivé à la conclusion que votre relation ne fonctionne plus, il vaut mieux alors souhaiter une séparation à l'amiable car c'est la meilleure façon de procéder pour limiter les dégâts. Ce sort est une sorte de sort de guérison.

QUAND EFFECTUER CE SORT :
A tout moment pendant une lune décroissante

DUREE DE TEMPS NECESSAIRE :
Jusqu'à ce que les bougies aient complètement brûlé

CE DONT VOUS AUREZ BESOIN :
1 bougie blanche, 1 bougie bleue, 1 bougie rouge
Romarin et basilic (frais ou séchés)
Eau de source

ETAPES :

1. Nettoyez votre espace avec une purification : le romarin est bon pour ça car il symbolise la mémoire ; vous indiquez que vous souhaitez vous souvenir du bien et faire la paix avec le mal à mesure que vous avancez.
2. Arrangez vos bougies en triangle, avec la bougie blanche (purifiante) au sommet et les bleues (paix) et les rouges (amour) à la base. Avant d'allumer vos bougies, imprégnez votre eau de source de basilic et tenez-la prête à vous éclabousser le visage pendant le rituel. Cela vous purifie à la fois de la mauvaise intention et purifie votre état

d'esprit. Je me sers d'eau de source infusée avec du basilic frais que je mets dans un vaporisateur mais vous pouvez également prendre un bol.

3. Allumez les bougies, en commençant par la blanche et répétez votre intention après avoir allumé chaque bougie : *"Je coupe ces attaches, je libère ces liens. Tout ce qui est dans ce passé sont des adieux paisibles."* Aspergez votre visage d'eau au basilic à chaque fois.
4. Laissez les bougies brûler pour compléter le sort : la taille des bougies dicte la longueur du sort. La taille que vous choisissez devrait donc représenter adéquatement combien d'énergie doit être dépensée en instaurant la paix (une bougie pilier ne doit être utilisée que si beaucoup de discorde acrimonieuse précède la fin, alors qu'une bougie chauffe-plat peut être utilisée si l'harmonie est déjà en vue).

CONTRECARRER LA TROISIÈME ROUE : SORT POUR BANNIR UN INTRUS

Si votre relation est interrompue par la présence intrusive d'une autre personne, ce sort peut alors efficacement éliminer l'intrus. Cela ne signifie pas que vous bannissez cette personne de votre vie - vous ne voulez pas vraiment vous débarrasser de votre belle-mère ou de sa meilleure amie *complètement* - juste les empêcher d'interférer dans votre relation.

QUAND EFFECTUER CE SORT :
A tout moment pendant une lune décroissante

DUREE DE TEMPS NECESSAIRE :
15-20 minutes

CE DONT VOUS AUREZ BESOIN :
2 petites bougies blanches
1 petite bougie noire
Cristal Hématite

ETAPES :

1. Comme avec tout sort qui a un élément de bannissement, assurez-vous de bien purifier votre espace. Vous n'avez pas besoin de plus d'énergies négatives en plus de celles dont vous souhaitez vous débarrasser.
2. Placez vos bougies devant vous, en mettant la bougie noire entre les bougies blanches (vous pouvez deviner ce que cela symbolise). Allumez les bougies blanches en premier, en commençant avec celle sur votre gauche (côté cœur). Affirmez la pureté de la connexion amoureuse entre ces deux bougies symboliques.

3. Ensuite, allumez la bougie noire qui symbolise l'intrus et déclarez clairement votre intention : dites à l'intrus non seulement que vous voulez qu'il se retire mais expliquez aussi précisément ce que vous souhaitez qu'il fasse (ou cessent de faire). Plus vous êtes précis, plus votre résultat sera meilleur.
4. Avant de laisser la flamme s'éteindre, étouffez la flamme noire avec le cristal hématite, en faisant attention de ne pas vous faire mal. Laissez ensuite les deux autres bougies brûler tout naturellement.
5. Assurez-vous de disposer des restes de la bougie noire de façon définitive, comme par une voie d'eau, par exemple.

BUZZ, BUZZ VAS-T-EN : UN SORT POUR DÉTOURNER L'ATTENTION NON DÉSIRÉE

Pendant que nous, en tant que magiciens, consacrons la plupart de notre temps à apporter des énergies positives dans nos vies, il y a des moments où nous voulons juste nous débarrasser de cette personne énervante qui se tient un peu trop près au bureau ou au gymnase. C'est un témoignage de vos pouvoirs croissants que de devenir un sujet d'attraction, mais vous pouvez éloigner des prétendants indésirables avec ce simple sort.

QUAND EFFECTUER CE SORT :
A tout moment pendant une lune décroissante Samedi étant le meilleur jour

DUREE DE TEMPS NECESSAIRE :
Tant que la bougie brûle

CE DONT VOUS AUREZ BESOIN :
1 petite bougie noire
Sel
Cristal ode votre choix

ETAPES :

1. Purifiez votre espace comme expliqué dans le sort précédent ; vous voulez que les énergies négatives soient bien dissipées.
2. Faites un cercle au centre de votre autel et placez-y la bougie noire au milieu. Le sel est utilisé dans les sorts de protection et de bannissement. Avec ce sort, vous souhaitez contenir une personne qui vous assaille avec son attention non désirée.

3. Allumez la bougie et énoncez clairement votre intention. Encore une fois, le plus spécifique vous serez en transmettant votre demande, meilleurs seront vos résultats.
4. Laissez la bougie bruler pendant que vous concentrez votre énergie sur votre intention, mais étouffez-la avec votre cristal avant qu'elle ne s'éteigne. Choisissez un cristal qui représente votre état d'esprit actuel, quelque chose de positif et d'insouciant. J'aime la citrine parce qu'elle me revigore et revitalise mon côté plus heureux en même temps.
5. Une fois le rituel terminé, dispersez le sel au vent et assurez-vous de libérer le passé (comme pour une inhumation à l'eau... ou avec une chasse d'eau rapide). Portez ou gardez avec vous la bougie choisie pendant les sept prochains jours.

7

DES SORTS POUR LES AMIS ET LA FAMILLE

Après le sort d'amour toujours populaire, les sorts qui aident avec les amis et les affaires de famille sont parmi les plus recherchés par les praticiens de la magie. Ce sont les genres de sorts qui peuvent vous aider à forger des relations, réparer les relations et approfondir les relations avec les personnes les plus importantes de votre vie. Tout comme les sorts d'amour, ils ne sont pas destinés à forcer quiconque à se comporter ou à ressentir quelque chose d'une certaine façon ; ils visent plutôt à développer davantage le potentiel qui existe déjà ou à améliorer une relation établie - même si cela signifie lancer un sort pour éloigner quelqu'un d'un rôle interférent. J'ai pour habitude de travailler régulièrement sur certains de ces sorts, comme celui sur la communication, parce que cela me rappelle les façons dont nous devrions tous prendre soin de nos proches. La magie elle-même crée une énergie positive qui améliore cette compréhension et elle a comme un double devoir en nous rappelant d'être conscients de notre rôle dans le maintien des relations solides et bienveillantes en général. Comme avec toute la magie des bougies, ces sorts sont simples et directs, mais puissants et durables. Vous trouverez ici des sorts qui recouvrent une gamme d'intentions, comme se faire de nouveaux amis ou mettre fin à des ragots potentiellement blessants ou encore comment accroître le lien de confiance entre amis, parmi bien d'autres. Je suis certain que vous en trouverez qui feront partie de votre rotation régulière de sorts pour conjurer le bonheur et le succès !

FORGER UNE AMITIÉ : UN SORT POUR ATTIRER LES AMIS

Tout comme le sort précédent, ce sort n'est pas destiné à ensorceler un inconnu pour tomber dans une amitié avec vous. C'est vraiment plus à propos de *vous,* vous rendre ouvert et disponible aux possibilités d'amitié qui tourbillonnent autour de vous au quotidien. Si vous avez une personne en particulier à l'esprit, alors la clarté de votre intention pourrait rendre le sort encore plus puissant mais, même si vous souhaitez juste jeter un sort (littéralement) à l'intention de quelques nouveaux compagnons, ce sort peut animer les énergies autour de vous, augmentant la connexion potentielle.

QUAND EFFECTUER CE SORT :
A tout moment durant une lune croissante

DUREE DE TEMPS NECESSAIRE :
Le temps que la bougie brûle complètement

CE DONT VOUS AUREZ BESOIN :
1 petit sac avec un cordon orange
1 bougie conique jaune
1 pierre cornaline
1 cuillère à café de baies de piment de la Jamaïque

ETAPES :

1. Nettoyer votre espace et veillez à ce que votre autel ait suffisamment de place pour les objets nécessaires à l'exécution du sort.
2. Placez votre bougie au centre de votre autel car sa couleur jaune symbolise l'inspiration et l'optimisme et puis placez votre sac orange avec sa ficelle devant la bougie. L'orange

indique l'attraction et la vitalité, attirant ainsi ces énergies dans votre sort. Mettez la pierre cornaline, symbole de réussite et de choix judicieux, au sommet du sac et encerclez-les avec les baies de piment de la Jamaïque, qui appellent la bonne fortune.

3. Allumez votre bougie et contemplez le genre d'amitié que vous souhaitez forger. Assurez-vous que vos intentions soient claires : notez-les au préalable si vous avez besoin de toute votre concentration - et une fois que vous sentez votre énergie positive vous traverser tout le corps, placez vos paumes sur vos objets d'amitié et chantez trois fois : *"Amitiés fortes et vraies, venez à moi s'il vous plaît. Devenez réalité une fois mon vœux de fait."*
4. Laissez la bougie brûler pendant que vous continuez à visualiser vos futures amitiés. Fermez votre cercle si vous en aviez un.
5. Rassemblez les baies du piment de la Jamaïque et la pierre cornaline et placez-les dans votre sac à cordon. Portez cette pochette symbole d'amitié avec vous jusqu'à la prochaine pleine lune. Elle devrait vous attirer de nouvelles personnes et de nouvelles possibilités !

ATTIRER L'APPRÉCIATION : UN SORT POUR LA POPULARITÉ

Il y a une variété de sorts que l'on peut lancer lorsque vous cherchez à augmenter votre popularité. En fait, ce genre de sort est similaire à n'importe quel sort d'attraction (pour l'amour, pour la chance et ainsi de suite). En voici un que j'aime parce qu'il est très simple et il représente un moyen rapide de donner un regain de confiance à votre énergie.

QUAND EFFECTUER CE SORT :
A tout moment durant une lune croissante et le jeudi est une journée propice à l'attraction

DUREE DE TEMPS NECESSAIRE :
10-15 minutes

CE DONT VOUS AUREZ BESOIN :
1 bougie or
3 bougies jaunes
Bougie citronnelle ou encens (facultatif)

ETAPES :

1. Nettoyez votre espace avant de commencer ; vous pouvez peut-être brûler de l'encens ou une bougie à la citronnelle car c'est à la fois énergisant et purifiant.
2. Gravez votre nom sur la bougie couleur or car vous êtes vous-même au centre de ce sort avec votre bonne fortune et votre potentiel d'attraction tout puissant. Placez-la sur l'autel et entourez-la avec les trois bougies jaunes en formant un triangle. L'idée est que l'énergie et la luminosité du jaune ainsi que les propriétés magiques des

trois autres bougies seront encore plus attirées vers votre éclat brillant.

3. Allumez d'abord la bougie couleur or, puis allumez les trois bougies jaunes dans le sens des aiguilles d'une montre. Pendant que vous allumez les bougies, récitez votre incantation : *"Regardez-moi bien tous ici. Je suis encerclé par les trois énergies. Avec mon assurance et mes talents en abondance, je reste à jamais fascinant."*
4. Avec ce sort, vous pouvez éteindre les bougies plutôt que d'attendre qu'elles brûlent complètement. Attendez trois jours et si vous estimez que votre intention n'a pas été satisfaite, répétez le sort avec les mêmes bougies, les permettant cette fois de brûler complètement.

DISSIPER LA SOLITUDE : UN SORT POUR LES PÉRIODES SOLITAIRES

Ce sort peut sembler un peu étrange car ce n'est en fait pas un sort d'attraction. Il y a toutes sortes de sorts qui existent pour les moments où vous éprouvez de la solitude, tels que le sort précédent concernant la popularité ou tout autre sorts concernant l'amitié et / ou les relations ou même l'amour. Toutefois ici, c'est un sort spécial pour les moments où vous êtes seul mais par forcément par volonté : c'est un sort pour les moments où nous sommes seuls (abrité dans un endroit, par exemple, voyageant seul pour les affaires ou simplement en solitaire). Ce sort est donc plus proche d'un sort d'équilibre ou de guérison, conçu pour vous aider à vous apaiser.

QUAND EFFECTUER CE SORT :
Une pleine lune est le meilleur moment mais c'est aussi possible pendant la dernière phase de la lune croissante

DUREE DE TEMPS NECESSAIRE :
Le temps que la bougie brûle complètement

CE DONT VOUS AUREZ BESOIN :
1 bougie conique violette ou bleue
Huile essentielle de cyprès
Autres cristaux ou huiles (facultatif)

ETAPES :

1. Vous devriez toujours nettoyer votre espace avant de lancer un sort, bien sûr mais ce sort est un sort où il est plus important de nettoyer les énergies négatives de soi-même. Prenez un bain rituel entouré de bougies (pour le confort plutôt que pour la magie) et voyez cela comme un

acte de soin intime et de purification. Vous pouvez ajouter quelques-uns de vos cristaux préférés à votre bain si vous vous sentez en manque d'énergie ou bien, mettre quelques gouttes d'huile essentielle tonifiante ou apaisante dans le bain, (essayez du romarin pour vous remonter ou de la lavande pour vous apaiser).

2. Une fois que vous vous sentez prêt, placez votre bougie violette ou bleue au centre de votre autel. Le violet est le meilleur si vous souhaitez vous construire une protection psychique contre la solitude ou si vous êtes d'humeur à en rechercher. Le bleu est préférable si vous désirez la paix et l'acceptation.
3. Enduisez la bougie de quelques gouttes d'huile de cyprès qui facilite l'équilibre et la paix intérieure, puis allumez la flamme et concentrez votre regard sur elle.
4. Il n'y a pas d'incantation spécifique ici mais plutôt une réflexion sur la solidité et l'émerveillement de votre présence. Vous pouvez tout de même répéter le mantra "*Je suis assez*" ou une autre affirmation qui vous place directement au centre de votre propre vie.
5. Une fois que la bougie ait brûlé entièrement, placez les restes de cire sous votre oreiller pendant sept jours et vous vous sentirez plus paisible avec chaque jour qui passe.

SE DÉBARRASSER DES COMMÉRAGES : UN SORT DE QUASI-BANNISSEMENT

Ce petit sort bizarre n'est pas vraiment un sort de bannissement mais plutôt un sort de fixation car vous ne vous débarrassez pas d'une personne, mais plutôt d'une mauvaise habitude. Votre intention est de diriger certaines énergies vers l'encouragement de la discrétion. Certains sorts de cette nature appellent à une vraie langue de vache - la représentation de l'expression pour la bouche d'où sortent les commérages - mais nous allons nous contenter de fabriquer une bougie pour nos besoins.

QUAND EFFECTUER CE SORT :
A tout moment pendant une lune croissante

DUREE DE TEMPS NECESSAIRE :
Le temps que la bougie se consume complètement

CE DONT VOUS AUREZ BESOIN :
1 bougie pilier noire
Sel
Stylo, papier et ficelle

ETAPES :

1. Purifiez votre espace avec de la sauge pour éliminer toute énergie négative.
2. Écrivez le nom de la personne responsable des commérages sur votre feuille de papier puis attachez-le à la bougie avec une ficelle (le blanc est bien car il signifie la purification). Saupoudrer un cercle de sel autour de la bougie, contenant les énergies négatives à cet endroit précis.

3. Allumez la bougie et pendant qu'elle brûle, récitez votre intention: "*Je jette vos paroles loin de moi, votre langue méchante n'est plus libre. Vos mots sont sortis de mon esprit, alors que je fais maintenant taire votre mauvaise langue en la liant.*"
4. Laissez la bougie pilier brûler jusqu'au centre, puis enterrer les restes ainsi que la corde, qui devrait encore être intacte, quelque part de lointain et de silencieux (vous voulez que la liaison dure).

CONJURER UNE COMMUNICATION CLAIRE

C'est un excellent sort à jeter au changement de saison, quand vous voulez effacer de vieilles énergies et faire place à de nouvelles et plus claires vibrations, un peu comme un nettoyage de printemps magique. Ce sort peut atténuer les tensions entre vous et les autres, dans le but de prévenir les problèmes de communication et de promouvoir l'ouverture et la tolérance. Je me fais un devoir de faire ce sort chaque année avant les vacances d'hiver, juste pour m'assurer que je suis équipée et prête pour une variété d'interactions familiales.

QUAND EFFECTUER CE SORT :
Pendant une pleine lune

DUREE DE TEMPS NECESSAIRE :
Le temps que la bougie brûle complètement

CE DONT VOUS AUREZ BESOIN :
1 petit pot en verre avec couvercle bien ajusté
Piments de la Jamaïque, cannelle, muscade, clous de girofle et sel
1 bougie conique marron

ETAPES :

1. Nettoyez votre cuisine avant de confectionner votre pot pour le sort. Ces outils magiques pratiques peuvent être fabriqués à diverses fins et leurs énergies magiques vont durer un bon moment si vous les fabriquez pendant une pleine lune et si vous les chargez avec une bougie et de fortes intentions.
2. Mettez trois cuillères à café de chaque épice séchée dans votre pot en finissant avec trois cuillères à café de sel. Le piment de Jamaïque apporte la providence, tandis que la

cannelle aide la concentration mentale, la muscade apporte la clarté d'esprit et les clous de girofle fournissent une énergie curative. Le sel constitue une barrière protectrice pour tenir à distance les énergies négatives.

3. Amenez votre vase à votre autel et allumez votre bougie marron – le marron aide à vous ancrer dans les énergies maternelles et pratiques de la terre. Passez-le trois fois au-dessus de votre bocal dans le sens des aiguilles d'une montre tout en souhaitant une communication claire puis passez-le sur votre pot trois fois dans le sens inverse des aiguilles d'une montre tout en demandant l'ouverture et la compassion dans toute communication. Vous appelez ainsi toutes les énergies positives disponibles.
4. Éteignez la bougie marron lorsque vous avez terminé et gardez-la à portée de main pour les trois prochains mois pour recharger votre bocal à sorts, si nécessaire. Lorsque la bougie est consumée, le bocal à sort devrait émettre de l'énergie pendant les trois prochains mois. Gardez-le donc dans un endroit approprié comme la cuisine ou le salon, là où la plupart des conversations ont lieu. Ne gaspillez pas les épices une fois la durée de temps du bocal magique écoulée. Mettez les plutôt dans un bon ragoût savoureux ou tout autre plat salé.

VAINCRE UN COMBAT : UN SORT POUR RÉPARER UNE AMITIÉ

Une amitié brisée peut s'avérer être une des choses les plus aggravantes de notre vie. Si vous avez eu un désaccord ou même une dispute plus sérieuse avec un ami, voici un sort qui va vous aider à réparer cette relation amicale et éliminer ces énergies négatives.

QUAND EFFECTUER CE SORT :
A tout moment durant une lune croissante, le vendredi étant le jour le plus propice

DUREE DE TEMPS NECESSAIRE :
Le temps qu'il faut à la bougie pour brûler complètement

CE DONT VOUS AUREZ BESOIN :
2 bougies votives roses
Un miroir assez grand pour contenir des bougies
Une photo ou autre représentation de vous avec votre ami

ETAPES :

1. Nettoyez votre autel et si vous avez le temps, mettez le miroir que vous allez utiliser pour le sort, à charger avec la lune : laissez le dehors pendant 3 nuits de lune (ou une seule nuit entière si c'est une pleine lune).
2. Placez le miroir au centre de votre autel et placez la photo de vous avec votre ami sur le miroir et face cachée en sorte que l'image se reflète elle-même. Si vous ne possédez pas de telle photo, vous pouvez écrire vos deux noms sur un bout de papier (ou dessiner des symboles vous représentant ou faire les deux), en le plaçant face cachée également.

3. Placez vos bougies sur la photo ou le papier et allumez-les de gauche à droite. Soyez clair avec votre intention : *"Il n'y a pas de lien plus solide que celui de notre amitié à nous deux. Je délaisse ma colère et je t'embrasse à toi aussi. Nous ne sommes désormais plus comme des étrangers car notre amitié redevient la chose la plus importante."*
4. Laissez les bougies fondre sur la photo ou le papier (mais faites attention de ne pas y mettre le feu), puis enterrez le tout à part le miroir sous un arbre solide, de préférence près de votre maison, Le pommier est symbole de l'amitié et serait donc l'arbre idéal si vous en avez un à proximité de chez vous.

RENFORCER LES LIENS : UN SORT POUR FORTIFIER UNE AMITIÉ

Il nous arrive parfois d'être ami avec quelqu'un depuis longtemps et nous commençons à nous habituer aux petites frustrations mais aussi aux merveilleux avantages de cette relation (ceci est également vrai pour une relation amoureuse). Cependant, une amitié doit être nourrie comme toute autre relation. Le sort suivant peut servir de rappel – et de reconnexion – avec tout ce qui rend votre amitié remarquable.

QUAND EFFECTUER CE SORT :
A tout moment durant une lune croissante : essayez un vendredi si c'est une amie et un samedi si c'est un ami.

DUREE DE TEMPS NECESSAIRE :
Le temps que la bougie se consume

CE DONT VOUS AUREZ BESOIN :
Stylo et papier
1 bougie conique blanche et une rose
Deux morceaux de ficelle

ETAPES :

1. Préparez votre autel pour le sort en le nettoyant bien et mettant un peu d'ordre. Ce sort est un sort de rappel et c'est donc le bon moment pour remettre en ordre votre espace pour faire place à de nouvelles énergies.
2. Ecrivez maintenant deux descriptions différentes de votre amitié : sur un bout de papier, écrivez ce qui vous embête ou les mauvais moments comme quand on vous a laissé tomber ou bien déçu. Sur l'autre bout de papier, décrivez

le meilleur de votre relation, avec les meilleures qualités de votre ami et comment cette amitié a amélioré votre vie.

3. Placez vos bougies côte à côte et allumez la bougie blanche en premier ; pour la purification et la régénération. Allumez ensuite la bougie rose qui symbolise l'amitié et l'amour platonique. Relisez votre premier bout de papier puis faite-le brûler avec les flammes de chaque - faites attention et prenez garde d'avoir un endroit ou laisser le papier brûler jusqu'aux cendres. Vous vous débarrassez ainsi de toute énergie négative qui existait entre vous.
4. Maintenant, relisez le deuxième bout de papier pendant que les bougies se consument et prenez ensuite les deux bouts de ficelle et faites en un nœud d'amitié. Laissez les bougies se consumer entièrement et enterrez la cire qui en reste avec les papiers attaches avec la ficelle, au pied d'un arbre solide (comme suggéré dans le sort précédent, un pommier est l'arbre idéal bien que le chêne et frêne soient également considérés comme magique).

INVOQUER LA CONFIANCE ENTRE AMIS

Bien que vous puissiez jeter ce sort à n'importe quel moment, dans le but d'augmenter le niveau de confiance que vous avez déjà avec un ami ou un membre de la famille, ce sort est spécifiquement conçu pour vous aider à surmonter ce qui vous a paru être un abus de confiance. C'est un sort bizarre qui demande de la flexibilité, selon les objets qui vous sont disponibles. Vous pouvez vous assurer du succès en vous investissant complètement dans votre intention ; soyez bien sûr de ne pas garder quelconque secret de culpabilité en vous-même ou bien votre intention pourrait se retourner contre vous.

QUAND EFFECTUER CE SORT :
Doit être fait lors d'une pleine lune

DUREE DE TEMPS NECESSAIRE :
Le temps que la bougie se consume entièrement

CE DONT VOUS AUREZ BESOIN :
1 bougie conique bleue
Du pissenlit sous n'importe quelle forme que vous puissiez trouver
Cristal Quartz

ETAPES :

1. Comme pour la plupart des sorts de pleine lune, il vaut mieux le faire à l'extérieur tout en prenant vos précautions lorsque vous bruler des bougies dehors. Choisissez un endroit isolé et bien que ce ne doit pas forcement être fait pendant la pleine lune (et donc, la nuit), il sera plus puissant à ce moment-là.

2. Dessinez un cercle autour de vous en utilisant des pierres que vous trouverez dans le coin (ou amenez du sel pour démarquer votre limite magique).
3. Placez le quartz au centre du cercle, afin qu'il puisse augmenter l'énergie que vous amenez avec vous dans le cercle.
4. Placez la bougie à l'un des quatre points cardinaux : au nord si vous souhaitez renforcer la confiance qui est déjà présente ; au sud si vous avez besoin de réparer un abus de confiance envers vous ; à l'ouest si vous avez besoin d'instaurer la confiance ou à l'est, si vous avez besoin de réparer un abus de confiance que vous avez créé.
5. Allumez la bougie et répétez votre incantation au moins trois fois : "*Que la flamme de la confiance brille afin que cette amitié devienne plus solide. Gardez à tout moment la vérité à l'esprit et l'honnêteté prendra le dessus dans toutes les situations.*"
6. Pendant que la bougie brûle, distribuez votre racine ou extrait de pissenlit le long de l'intérieur de la bordure du cercle. Si vous avez accès au pissenlit classique que l'on trouve dans les jardins, vous pouvez souffler sur les graines du haut afin de les éparpiller dans le cercle en signe de bienvenue à l'énergie de la confiance.
7. Une fois que la bougie ait complètement brûlé, fermez votre cercle et enterrez-y la bougie.

MAGIE POUR INGÉRENCE : UN SORT POUR METTRE FIN À L'INGÉRENCE D'UN MEMBRE DE LA FAMILLE

Il y a plusieurs manières de mettre fin à l'ingérence d'une personne et celle-ci repose sur le vieux dicton qui dit que l'on attrape plus de mouches avec du miel qu'avec du vinaigre. C'est peut-être un peu salissant parfois mais les résultats en valent normalement la peine – et son effet secondaire est de rendre votre relation avec cette personne qui se mêlait de tout, encore plus agréable. Je m'en suis servie une paire de fois avec ma propre mère dont l'amour peut parfois devenir contrariant. C'est une façon d'arranger les choses gentiment !

QUAND EFFECTUER CE SORT :
A tout moment durant une lune décroissante

DUREE DE TEMPS NECESSAIRE :
Environ 15 minutes pendant sept jours

CE DONT VOUS AUREZ BESOIN :
1 bougie pilier blanche
Miel
Graines de Fenouil

ETAPES :

1. Nettoyez votre espace et recouvrez votre autel de papier de paraffine pour protéger sa surface. Une alternative est d'utiliser une grande assiette ou un plateau qui peut être lavé après le rituel.
2. Enduisez de miel la bougie de purification – votre intention est d'adoucir la relation et d'attirer des interactions positives – puis roulez-le tout dans les

graines de fenouil. Le fenouil refoule l'influence des autres et met une fin à tout début d'ingérence.

3. Allumez la bougie et répétez trois fois vos intentions : *"Malgré la bienveillance de vos conseils, ils causent vraiment une interférence. Je vous demande donc d'arrêter car on n'a pas besoin de votre aide ici."* Soyez sûr de bien prononcer le nom de cette personne lorsque vous répétez le sort.
4. Eteignez la bougie une fois que vous avez terminé le sort puis répétez cette action tous les jours pendant sept jours. Votre bougie devrait être entièrement consumée à la fin et la meilleure manière de s'en débarrasser est par une voie d'eau ou le feu.

RÉUNION RAVIVÉE : UN SORT POUR RASSEMBLER LES AMIS

Ce sort est excellent pour lorsque vous souhaitez retrouver des amis que vous n'avez pas vu depuis longtemps. Il marche également si vous désirez vous reconnecter avec des amis avec qui vous aviez perdu le contact. Et avec une intention légèrement différente, vous pouvez également vous en servir pour revitaliser les liens au sein d'un cercle d'amis.

QUAND EFFECTUER CE SORT :
Le mieux est lors d'une pleine lune mais il est également possible durant une lune croissante

DUREE DE TEMPS NECESSAIRE :
Le temps que la bougie se consume entièrement

CE DONT VOUS AUREZ BESOIN :
1 bougie conique bleue
Huile essentielle de romarin
Une clef ou quelque chose symbolique d'une clef

ETAPES :

1. Nettoyez bien votre espace. Je recommande une purification intense à la sauge car ce sort nécessite le maximum d'énergie qu'il puisse conjurer.
2. Utilisez l'huile de romarin pour enduire votre bougie, c'est une herbe qui symbolise le souvenir et la purification. Ici, le bleu représente l'eau, qui rapproche malgré le temps de séparation, ainsi que les rêves et les souhaits.
3. Allumez votre bougie et concentrez-vous sur vos intentions: *"Je souhaite vous ramener à moi, mon ami cher mais si loin et libre. Mes souvenirs sont restés si précieux que je*

désire renouer nos liens amicaux." Continuez avec cette incantation en la répétant pendant que vous passez votre clef – ou bien l'objet non-inflammable qui symbolise une clef – à travers la flamme, en la bougeant dans le sens d'une aiguille d'une montre. Vous ouvrez ainsi les possibilités d'une reconnexion en enlevant les obstacles.

4. Une fois que votre bougie s'est entièrement consumée, vous pouvez vous en débarrasser en l'enterrant à un endroit près de chez vous et qui vous est cher. Attachez une ficelle autour de la clef afin de pouvoir la porter jusqu'à la prochaine pleine lune. Vous pouvez aussi l'attacher à vos vêtements ou à votre sac avec une épingle. Gardez-la prêt de votre cœur si possible.

8

SORTS D'ARGENT ET DE PROSPÉRITÉ

Ces sorts d'abondance et de rejet sont assez populaires avec la plupart des praticiens de la magie des bougies : ils sont très pratiques et assez simples à effectuer. Souvenez-vous cependant que, comme toute magie, il devrait y avoir des limites éthiques dans votre sorcellerie – votre prospérité ne devrait pas venir au dépens de la bonne fortune de quelqu'un d'autre – ni être une appropriation de la responsabilité concernant les affaires d'argent. Cela veut dire que jeter des sorts pour éliminer vos dettes ou bien pour augmenter votre bien-être matériel doit juste accompagner les efforts pratiques que vous êtes déjà en train de faire dans votre vie de tous les jours. Les sorts sont destinés à récompenser un bon comportement avec un coup de pouce extra magique. Ils fonctionnent tant que vous faites également vous-même, un effort.

GAGNER DE L'ARGENT ! : UN SORT POUR ATTIRER LA PROSPÉRITÉ

L'exploitation des pouvoirs de la lune reste en général l'un des moyens les plus efficaces d'attirer l'argent et la prospérité. La lune croissante symbolise toujours une augmentation de puissance et donc profiter de cette ressource essentielle, non seulement sur le moment mais aussi de son énergie en elle-même, est primordial pour le succès du sort.

QUAND EFFECTUER CE SORT :
A tout moment durant une lune croissante

DUREE DE TEMPS NECESSAIRE :
Le temps que la bougie se consume entièrement

CE DONT VOUS AUREZ BESOIN :
1 bougie conique verte
Une pièce de couleur or
Cannelle, basilic, peau d'orange séchée

ETAPES :

1. Comme mentionné dans l'introduction à ce sort, il vaut mieux l'effectuer à l'extérieur et à la lumière d'une lune croissante (ou au moins à une fenêtre qui laisse entrer la lueur de la lune). Nettoyez votre espace, dessinez un cercle et assurez-vous de prendre vos précautions lorsque vous allumez une bougie afin de ne pas démarrer un feu à l'extérieur.
2. Gardez tous vos objets près de vous lorsque vous allumez votre bougie verte, symbole de la bonne fortune. Une fois que la flamme brûle bien, prenez la pièce dans votre main gauche et les herbes dans votre main droite : la cannelle

représente la prospérité alors que le basilic symbolise à la fois l'argent et l'énergie protectrice et la peau d'orange le bonheur.

3. Frottez vos mains ensemble pour relâcher les odeurs dans l'air tout en vous en imprégnant vous-même ainsi que la pièce de leurs essences et en déclarant clairement votre intention : *"Faites couler l'argent, faites grossir mon argent. Je demande la richesse, la prospérité et la bonne santé."* Récitez cela trois fois pendant que vous relâchez les parfums et que vous regardez la flamme de la bougie.
4. Une fois la bougie entièrement brulée, enterrez-la dans un endroit de bonne augure et saupoudrez le monticule avec les restes des herbes. Gardez la pièce sur vous jusqu'au début de la prochaine pleine lune.

VAS-T-EN DETTE ! : UN SORT POUR RÉDUIRE UNE DETTE

Ce sort est essentiellement un sort de bannissement qui se concentre plus particulièrement sur l'argent bien qu'il contienne également des éléments de guérison. Ce sentiment de soulagement et de relâchement que nous observons lorsque nos dettes sont terminées est vraiment formidable. J'ai beaucoup effectué ce sort lorsque j'étais en train de payer mes emprunts d'étudiante : la dernière fois que je l'ai effectué, j'ai reçu la nouvelle, complètement inattendue, que j'avais trop payé et que j'allais recevoir un remboursement assez important. Les pouvoirs de la magie ne sont-ils donc pas incroyables ?

QUAND EFFECTUER CE SORT :
A tout moment lors d'une lune croissante et de préférence un samedi

DUREE DE TEMPS NECESSAIRE :
Le temps que la bougie se consume entièrement

CE DONT VOUS AUREZ BESOIN :
1 bougie conique violette
Huile essentielle d'encens
Stylo et papier

ETAPES :

1. Nettoyez bien votre espace. Je recommande ici une purification intense à la sauge car ce sort nécessite toute la puissance positive qu'il puisse conjurer.
2. Utilisez l'huile d'encens pour enduire votre bougie, ce qui aide avec le stress et bannit les liens indésirables avec le

passe. Votre bougie violette représente votre sagesse et vous aide à éloigner le négatif.

3. Sur votre papier, écrivez vos dettes à côté de votre intention de vous en débarrasser. Si vous le souhaitez, vous pouvez dessiner au dos du papier, un symbole de bannissement (normalement le pentacle ou vous pouvez également choisir de graver le symbole de bannissement sur votre bougie).
4. Placez la bougie sur votre papier, allumez la et appelez les énergies que vous invoquez pour vous aider avec ce bannissement : *"Je demande seulement du soulagement afin que je puisse me débarrasser du stress et des soucis."*
5. Pendant que la bougie brûle, concentrez votre intention sur comment vous allez vous sentir une fois que vous n'aurez plus ce poids qui vous pèse ; que ce soit une invitation à la paix. Idéalement, le papier va brûler pendant que la bougie va brûler par-dessus (faites attention à la sécurité par rapport au feu), mais vous allez peut-être devoir l'aider durant le processus. Mettez le tout dans un pot ou un chaudron résistants au feu et laissez brûler jusqu'à la fin.

VAINCRE LES DIFFICULTÉS : UN SORT POUR TRANSFORMER VOTRE CHANCE

Nous avons tous besoin d'un peu de bonne fortune dans nos vies et ceci est un sort tout simple qui peut être effectué pratiquement à tout moment. Ce sort peut fonctionner directement comme un sort pour la chance mais il peut aussi être plus intensément destiné sur un besoin de surmonter une période de mauvaise chance.

QUAND EFFECTUER CE SORT :
Le meilleur moment est lors d'une pleine lune mais il est aussi possible durant une lune croissante

DUREE DE TEMPS NECESSAIRE :
Le temps que le papier brûle

CE DONT VOUS AUREZ BESOIN :
1 bougie conique bleue
1 pierre de jade
Stylo et papier
Récipient résistant au feu

ETAPES :

1. Vous devriez peut-être nettoyer non seulement votre autel où vous allez effectuer ce sort mais aussi toute votre maison ou du moins, la partie habitable où vous passez le plus de temps. Il faut vous débarrasser de toute énergie négative qui pourrait affecter votre bonne fortune.
2. Avant d'allumer votre bougie, il vous faudra un pot résistant au feu ou un chaudron prêt à l'emploi et vous y placerez votre jade à l'intérieur – cela va accentuer votre bonne chance et renforcer le bannissement du mal.

Ecrivez ce que vous considérez comme vos malheurs les plus récents et placez cette liste dans le chaudron.

3. Allumez votre bougie de richesse et bonne fortune, mettez le feu au papier et récitez votre incantation sept fois : "*Mes récents malheurs sont maintenant en train de brûler ; ils ne vont pas durer.*"
4. Placez à nouveau la bougie sur sa base et attendez que le papier devienne cendre. Eteignez la bougie – eh oui, c'est un des moments où l'on peut éteindre une bougie délibérément car vous mettez fin à vos malheurs – et laissez ensuite refroidir tout ce qu'il y a dans le chaudron. Récupérez votre pierre de jade t dormez avec elle posée sous votre oreiller pendant une semaine. Jetez les cendres au vent et enterrez votre bougie bonne fortune à un endroit de bonne augure : un jardin est un endroit excellent pour cela mais n'importe quel endroit où la nature pousse en abondance est un bon endroit.

L'HEURE DU REMBOURSEMENT : UN SORT POUR RÉCUPÉRER CE QU'ON VOUS DOIT

Bien que vos intentions puissent être spécifiques à une situation en particulier, ce sort peut aussi être généralement utilisé pour attirer l'argent qu'on vous doit (un plus gros remboursement d'impôts, un meilleur salaire et d'autres cas encore).

QUAND EFFECTUER CE SORT :
A tout moment durant une lune croissante

DUREE DE TEMPS NECESSAIRE :
Environ 10-15 minutes pendant neuf jours

CE DONT VOUS AUREZ BESOIN :
1 bougie pilier verte
1 bougie pilier blanche
Huile essentielle de basilic

ETAPES :

1. Nettoyez votre espace et placez vos bougies à vingt centimètres l'une de l'autre : la verte est pour l'argent que vous souhaitez récupérer et la blanche vous représente. Orientez-les selon les meilleurs points cardinaux pour votre énergie : vous devez placer la bougie blanche à l'endroit de l'élément qui semble vous ressembler le plus (le nord pour ancré, le sud pour passionné, l'ouest pour serein et l'est pour volatile) et placez la bougie verte dans la direction opposée, pour ainsi créer un courant d'énergie.
2. Utilisez l'huile de basilic pour enduire les bougies et récitez vos intentions pendant que vous les allumez : *"Rendez-moi mon argent par trois fois, apportez-moi bonheur et*

richesse. Sans causer de mal à d'autres, selon mon souhait grâce à ce charme." Répétez cela trois fois puis éteignez vos bougies.

3. Répétez ce rituel – idéalement à la même heure de chaque journée – en rapprochant les bougies d'environ deux centimètres chaque jour : au bout du neuvième jour (trois fois trois), vos bougies devraient se toucher et vous devriez recevoir de l'argent !

OUVRIR LA VOIX AUX OPPORTUNITÉS : UN SORT DE CHANCE GÉNÉRALE

Ce sort utilise la menthe, une plante magique formidable et je profite de cette opportunité pour le dire au cas où vous seriez intéressé par la création de votre propre jardin pour y faire pousser vos herbes et plantes magiques. Faire pousser ses propres herbes est un outil puissant (pour faire la cuisine, des herbes séchées, des huiles et bien d'autres choses encore) : le basilic, le romarin, la sauge et la menthe sont fréquemment utilisés et poussent facilement.

QUAND EFFECTUER CE SORT :
A tout moment lors d'une lune croissante, le jeudi étant le jour le plus associé avec l'abondance

DUREE DE TEMPS NECESSAIRE :
Le temps que la bougie se consume entièrement

CE DONT VOUS AUREZ BESOIN :
1 bougie conique verte
1 bougie conique or
1 bougie conique orange
1 bouquet de menthe fraiche ou séchée

ETAPES :

1. Purifiez votre autel avec de la sauge et du romarin afin d'éloigner les énergies négatives. Disposez vos bougies en formant un triangle avec la bougie verte pour la bonne fortune en tête du triangle et les bougies couleur or pour la chance et orange pour la vitalité à la base.
2. Placez la menthe au centre de vos bougies : frottez-la bien entre vos mains pour en dégager son odeur et accentuer

vos intentions (vous pouvez aussi enduire vos bougies avec de l'huile de menthe si vous en avez).

3. Allumez vos bougies et jeter votre sort : *"J'amène ici la chance à moi, la vraie prospérité et l'énergie positive. Amenez-moi la paix et le bonheur, la fortune et la richesse, le tout avec la bonne santé."*
4. Laissez les bougies brûler entièrement pendant que vous visualisez toute ce que cette bonne chance va vous apportez. Une fois entièrement consumées, jetez les bougies proprement (de la meilleure manière pour vos énergies selon vous) et utilisez la menthe dans du thé ou d'autres recettes afin de consommer littéralement votre bonne fortune.

SURMONTER DES OBSTACLES : UN SORT POUR ENLEVER DES BLOCAGES

Cette magie fonctionne autant pour des sorts de bannissement que des sorts d'attraction : vous bannissez les blocages qui vous empêchent d'accomplir vos objectifs en même temps que vous attirez les puissantes énergies et la force dont vous avez besoin pour surmonter cet obstacle.

QUAND EFFECTUER CE SORT :
A tout moment lors d'une lune décroissante bien qu'attendre que la lune soit dans sa phase de montée soit le plus puissant

DUREE DE TEMPS NECESSAIRE :
Le temps que la bougie brule entièrement

CE DONT VOUS AUREZ BESOIN :
1 bougie conique noire
Huile essentielle de votre choix
Un mixe d'herbes-épices de poivre de Cayenne, gingembre, sauge, menthe, feuille de laurier (1-2 cuillères à café de chaque)
A pincée de grains de café (facultatif)

ETAPES :

1. Préparez et nettoyez votre autel comme d'habitude.
2. Utilisez de l'huile essentielle enduire votre bougie noire de bannissement. Choisissez-en une qui soit appropriée à cette situation particulière (menthe ou basilic pour un obstacle financier ; cannelle ou rose pour un obstacle relationnel ; huile d'eucalyptus pour un obstacle de santé et ainsi de suite).
3. Roulez votre bougie dans ce mélange d'herbes-épices : la Cayenne aide à "brûler" la mauvaise énergie alors que le

gingembre renforce votre motivation ; la sauge aide avec la purification, la menthe augmente le bannissement et la feuille de laurier sert à la protection. Les grains de café facultatifs servent à renforcer la force et la vitesse du sort.

4. Allumez votre bougie et récitez votre sort : "*Je demande le succès avec aucun bloc sur mon chemin. Rangez de côté pour toujours et à jamais ces obstacles.*" Répétez cette incantation pendant que la bougie se consume entièrement.
5. Assurez-vous de disposer des restes de la bougie de la même manière que pour un bannissement : par voie d'eau ou un feu destructif.

EXPLOITEZ L'ARBRE D'ARGENT : UN SORT POUR VOUS APPORTER DE L'ARGENT

Ce sort vous aidera à trouver une direction et ouvrir les voies de la communication qui vous amèneront dans le bon chemin pour récolter une prospérité bien méritée.

QUAND EFFECTUER CE SORT :
La pleine lune est le meilleur moment mais c'est également possible pendant une lune croissante

DUREE DE TEMPS NECESSAIRE :
Le temps que les bougies brulent entièrement

CE DONT VOUS AUREZ BESOIN :
2 bougies votives vertes
2 petits bocaux en verre
Du riz
6 grains de poivre noir

ETAPES :

1. Ce sort est différent des autres car il ne nécessite pas votre présence à votre autel ni d'incantations spécifiques. Il amène simplement une énergie positive dans votre espace de vie qui est dédiée à vous aider à trouver le chemin de la prospérité. Commencez donc par nettoyer votre maison avec une bonne purification a la sauge.
2. Ensuite, préparez vos bocaux de prospérité. Mettez une poignée de riz dans chaque bocal pour la purification et l'énergie positive ; ajoutez-y à chacun 3 graines de poivre noir car ceux-ci vous amèneront la protection et l'énergie ainsi qu'à vos intentions.

3. Placez les bocaux dans la partie la plus au nord et la plus au sud de votre maison avec une bougie à côté de chacun d'eux. Soyez prudent avec les précautions de sécurité car les bougies vont bruler sans que vous soyez forcement présent.
4. Allumez les bougies et laissez-les brûler entièrement : vous appelez ainsi l'énergie vers vos bocaux de prospérité à travers la flamme, l'amenant du nord au sud (ou vice versa) pour amener la sécurité ancrée et une nouvelle énergie dans votre vie. Ouvrez les fenêtres si vous le pouvez, pour accroitre le flow.
5. Une fois les bougies entièrement consumées, enterrez-les dans votre jardin ou sous un arbre solide proche de chez vous. Laissez les bocaux à leur place jusqu'à la prochaine pleine lune.

RETROUVER DES OBJETS PERDUS

Ce sort est facile et vous aide à retrouver quelconque objet inanimé que vous avez perdu. Pour de plus grosses pertes (comme des amours perdus et d'autres cas chargés d'émotions), voyez les sorts des Chapitres 6 et 7.

QUAND EFFECTUER CE SORT :
N'importe quand

DUREE DE TEMPS NECESSAIRE :
Le temps que la bougie brûle entièrement

CE DONT VOUS AUREZ BESOIN :
1 bougie chauffe-plat argent

ETAPES :

1. Nettoyez votre autel et videz votre esprit : notre énergie devient souvent entravée par la frustration lorsque nous perdons quelque chose.
2. Allumez votre bougie argent pour des conseils mystiques et appelez l'aide dont vous avez besoin : *"Aidez-moi s'il vous plaît à trouver ce que je cherche clairement, afin que je puisse surmonter mon trouble."*
3. Pendant que la bougie brûle, visualisez l'objet perdu et regardez si la flamme tremble vers une quelconque direction ou bien si elle prend une quelconque forme impressionniste. Elle vous donnera souvent des indices quant à l'endroit où votre objet pourrait se trouver.

NÉGOCIER LA MEILLEURE AFFAIRE : UN SORT POUR UNE NÉGOCIATION RÉUSSIE

Utilisez ce sort au moment lorsque vous avez besoin de chance pour obtenir les meilleurs résultats que ce soit pour un scenario personnel or professionnel qui aura un impact sur votre prospérité en général (comme pour un meilleur travail ou une augmentation de salaire – plus d'information sur cela dans le chapitre suivant). Je souhaite également mentionner ici que comme avec beaucoup de sorts, si vous porter des couleurs qui correspondent à vos intentions – l'orange, l'or ou le vert par exemple – cela peut augmenter la puissance de votre message.

QUAND EFFECTUER CE SORT :
C'est un sort soleil donc choisissez un jour très ensoleillé et de préférence un dimanche ou un mercredi

DUREE DE TEMPS NECESSAIRE :
Le temps que la bougie brule entièrement

CE DONT VOUS AUREZ BESOIN :
1 bougie conique or
Des pierres œil de tigre
Huile essentielle d'orange

ETAPES :

1. Nettoyez votre espace comme d'habitude et orientez la bougie entre les points cardinaux nord et sud.
2. Enduisez votre bougie de l'huile d'orange qui engendre vitalité et succès et placez vos pierres d'œil de tigre au nord et au sud de votre bougie. Ces pierres canalisent à la fois l'énergie masculine du soleil (de par son œil en or) et

l'énergie féminine de la terre (de par ses tons bruns riches).

3. Déclarez clairement vos intentions : *"Je mérite le meilleur résultat possible. Je possède confiance et clarté ainsi que la pureté et les intentions. J'invoque les pouvoirs du soleil et la force de la terre pour m'aider avec ma requête."*
4. Laissez la bougie brûler entièrement pendant que vous visualisez le résultat idéal, puis gardez sur vous les pierres œil du tigre pendant les sept prochains jours (et bien sûr, portez-les aussi pendant votre actuelle négociation !).

9

SORTS POUR TRAVAIL ET CARRIÈRE

Ces sorts ont pour but d'améliorer votre parcours professionnel ainsi que de vous aider à résoudre des dilemmes et des désirs particuliers dans le milieu du travail. Nous avons tous une définition différente du succès et il vous faut donc mettre vos intentions personnelles dans chacun des sorts suivants en imaginant votre propre recette pour le succès. L'une des nombreuses choses merveilleuses à propos de la magie des bougies, c'est qu'elle accède aux énergies fondamentales des quatre éléments afin de générer plus d'énergie positive, avec vos intentions dirigeant cette énergie d'une certaine manière. C'est pourquoi ce genre de prouesse magique est particulièrement bien adapté pour soutenir votre carrière et ancrer vos journées au travail : vous exploitez ces énergies puissantes et les canalisez dans votre conception globale d'une vie réussie. Pour moi, ces sorts ont contribué non seulement à améliorer ma situation de travail, mais aussi à m'aider à être plus claire sur ce que je voulais et comment l'obtenir. Beaucoup de ces sorts sont des mini-discours de motivation à part entière !

Manifester votre Travail de Rêve : Un Sort pour Un Bon Travail

Ceci est un sort simple qui peut être adapté à n'importe quelle fin mais il semble être plus particulièrement efficace pour la recherche d'un emploi.

QUAND EFFECTUER CE SORT :
A tout moment pendant une lune croissante, le dimanche étant le meilleur moment symbolique

DUREE DE TEMPS NECESSAIRE :
Le temps que la bougie brûle entièrement

CE DONT VOUS AUREZ BESOIN :
1 bougie pilier or
Huile essentielle de basilic
Stylo et papier
Pochette orange

ETAPES :

1. Effectuez une purification de votre espace avant de commencer, comme d'habitude.
2. Placez les bougies au centre de votre autel, projetant énergie, confiance et chance. Utilisez l'huile de basilic pour enduire la bougie en y ajoutant votre clarté d'esprit et des associations à la richesse.
3. Ecrivez le type de travail que vous souhaitez si vous êtes à la recherche d'un poste spécifique ou bien écrivez les aspects du travail dont vous rêvez : plus vos intentions seront spécifiques, meilleurs seront les résultats. Pliez le papier en forme de triangle et placez-le devant votre bougie.

4. Allumez votre bougie et récitez votre sort : "*J'attire ce travail à moi, avec ma volonté je demande qu'il soit. Apportez ce travail, par trois fois, avec mon pouvoir, qu'il soit.*" Laissez la bougie brûler pendant neuf minutes, puis éteignez-la.
5. Répétez ce sort au même moment chaque semaine et jusqu'à ce que la bougie soit entièrement consumée. Une fois le sort terminé, mettez le papier en forme de triangle dans la pochette orange (ajoutez-y une pincée de basilic si vous le souhaitez, pour mettre l'accent sur l'aspect monétaire du travail) et portez le sur vous pendant neuf jours.

GAGNER DAVANTAGE D'ARGENT : UN SORT POUR OBTENIR UNE AUGMENTATION

C'est un sort similaire au précédent, y compris l'écriture des intentions et l'onction de la bougie. Les outils utilisés ici varient en fonction de chaque intention spécifique.

QUAND EFFECTUER CE SORT :
À tout moment pendant une lune croissante, le jeudi étant peut-être le plus propice

DUREE DE TEMPS NECESSAIRE :
Le temps que la bougie brûle entièrement

CE DONT VOUS AUREZ BESOIN :
1 bougie conique verte
Huile de Patchouli
Papier et stylo

ETAPES :

1. Nettoyez votre espace : vous pouvez utiliser du romarin or du basilic pour ce sort car ils contiennent tous deux des propriétés de purification et d'attraction d'argent.
2. Placez la bougie au centre de votre autel et enduisez-la d'huile de patchouli ; l'huile attire l'argent ainsi que d'autres émotions fortes.
3. Ecrivez votre nom et un symbole pour l'argent sur le papier, pliez-le en deux et placez-le à côté de la bougie. Allumez la bougie et récitez : *"Des récompenses pour le bon travail vont venir à moi,* le *travail acharné paie, mon augmentation va se réaliser."*
4. Après que la bougie ait formé de la cire, utilisez-la pour sceller votre intention écrite (soyez prudent lorsque vous

manipulez de la cire chaude). Laissez votre bougie brûler entièrement, puis glissez l'intention dans votre sac à main ou votre portefeuille, en l'emportant avec vous jusqu'à ce que votre demande soit accordée.

PREMIÈRES IMPRESSIONS : UN SORT D'ATTRACTION

C'est une excellente façon de calmer vos nerfs avant un important entretien d'embauche, bien qu'il puisse également être modifié pour s'appliquer à un premier rendez-vous romantique ou toute autre réunion durant lesquels votre dynamisme et votre intelligence doivent briller.

QUAND EFFECTUER CE SORT :
Mieux pendant une pleine lune et quand le soleil est à son plus fort, en mi-journée

DUREE DE TEMPS NECESSAIRE :
Le temps que la bougie brûle entièrement plus un bain préparatoire

CE DONT VOUS AUREZ BESOIN :
Une orange
Des pétales de rose ou une rose séchée
1 bougie chauffe-plat blanche
Huile essentielle de vanille (ou un extrait)

ETAPES :

1. Commencez par prendre un bain rituel ; vous voulez éliminer toute énergie négative, tout en vous sentant propre, beau et confiant. Coupez votre orange en six morceaux et placez-les dans le bain avec une poignée de pétales de rose ou bien quelques pincées de rose séchée. Accordez-vous du temps pour vous détendre et clarifier vos intentions.
2. Apres votre bain de purification, préparez votre autel et enduisez votre bougie blanche – un symbole de votre

purification – avec la vanille qui est le parfum de l'attraction et de la beauté.

3. Allumez la bougie et récitez votre intention: "*Tout ce que je rencontre ne verra pas de mal, alors que mon impression est aussi belle qu'une chanson. Rappelez-vous quand nous nous sommes rencontrés, parce que je suis clairement le meilleur que vous puissiez obtenir.*"
4. Laissez la bougie brûler entièrement et enterrez les restes dans votre jardin pour qu'ils prennent racine.

LA SORCELLERIE POUR LE SUCCÈS: UN SORT POUR FAIRE DU BON TRAVAIL

Ce sort peut être lancé à tout moment de l'année mais il est particulièrement puissant lorsqu'il est lancé à la fin d'une année ou au début de la prochaine, pendant ce qu'on appelait la saison des Fêtes. C'est un peu comme les résolutions du Nouvel An. Encore une fois, il peut être lancé à d'autres moments, mais son pouvoir est destiné à durer tout au long de l'année alors choisissez ce que vous ressentez comme un moment propice. Ce sort nécessite également un investissement en durée de temps, planifiez donc en conséquence.

QUAND EFFECTUER CE SORT :
Pendant une pleine lune

DUREE DE TEMPS NECESSAIRE :
Le temps que la bougie brûle entièrement ainsi que le temps de faire de l'huile (3 jours)

CE DONT VOUS AUREZ BESOIN :
Ingrédients pour faire votre propre huile d'onction : huile d'olive, aiguilles de pin, feuilles de poinsettia, canneberges fraîches ou séchées
1 bougie votive blanche, 1 bougie votive verte et 1 bougie votive jaune

ETAPES :

1. Nettoyez votre cuisine car vous allez y travailler pour faire votre huile essentielle personnalisée. Chauffez l'huile d'olive (environ ½ tasse) dans une petite casserole, puis ajoutez quelques pincées d'aiguilles de pin pour la force et la persévérance, trois feuilles de poinsettia pour la

motivation et la positivité et huit canneberges fraîches ou séchées pour bannir l'énergie négative. Laissez refroidir ce mélange avant de le verser dans un récipient et de le couvrir d'une pellicule de plastique.

2. Laissez infuser pendant trois jours avant de le mettre dans un récipient, de préférence un pot apothicaire avec compte-gouttes ou un autre récipient facile à verser.
3. Nettoyez votre autel, puis arrangez vos bougies avec la bougie blanche au sommet d'un triangle. Éclairez-les et clarifiez vos intentions : *"Aussi sûrement que le soleil se lève de jour, permettez-moi de rester concentré et d'avoir de la réussite à ma manière. Aussi sûrement que la journée dure longtemps, aidez-moi à rester clair et fort."*
4. Laissez les bougies brûler pendant que vous réfléchissez aux activités dans lesquelles vous allez exceller au travail. Utilisez l'huile d'onction pour lancer un sort de rappel rapide chaque fois que vous avez une réunion importante ou un projet à rendre.

PRATIQUER LA PAIX : UN SORT POUR METTRE FIN AUX CONFLITS AU TRAVAIL

L'une des questions les plus délicates à traiter au sein d'un travail est celle qui exige un sort tout aussi rusé. Rappelez-vous, cependant, que vos intentions avec la magie des bougies sont toujours de renforcer les énergies positives et jamais de souhaiter du mal aux autres. Concentrez-vous également sur vous-même et sur la façon dont vous vous situez au travail dans l'ensemble ; votre sort aura plus de succès si vous ne souhaitez pas particulièrement contrôler ce qui se passe mais plutôt de changer l'énergie et la direction des événements.

QUAND EFFECTUER CE SORT :
A tout moment pendant une lune croissante

DUREE DE TEMPS NECESSAIRE :
Le temps que la bougie brûle entièrement

CE DONT VOUS AUREZ BESOIN :
1 bougie conique blanche
1 bougie conique rose
1 bougie conique noire
Huile essentielle de lavande ou de jasmin

ETAPES :

1. Nettoyez votre espace comme d'habitude et arrangez vos bougies pour former un triangle, avec la bougie blanche au sommet.
2. La bougie blanche vous représente, en train de négocier entre l'amitié (le rose) et l'animosité (que le noir va banni). Vous pouvez graver des noms sur les bougies, s'il y a des

personnes spécifiques qui ont besoin d'être un peu poussées vers l'amitié et/ou éloignées du conflit.

3. Utilisez l'huile de lavande ou de jasmin pour enduire les bougies pour apaiser la réconciliation. Allumez-les, en commençant par la bougie blanche, puis récitez vos intentions : *"Je suis ici pour souhaiter bonne chance à tous, pour commencer à guérir les blessures sur lesquelles nous nous attardons. Rendez notre espace paisible comme avant, afin que nous puissions à nouveau travailler ensemble."*
4. Laissez les bougies brûler entièrement et jetez-les dans la nature : la blanche et la rose doivent être enterrées quelque part où leurs énergies vont porter leurs fruits tandis que les restes de la bougie noire de bannissement devraient être envoyés par l'eau.

LA PROCRASTINATION : UN SORT POUR METTRE FIN AUX MAUVAISES HABITUDES

Si vous voyez que vous commencez à prendre de mauvaises habitudes au travail - la plus commune étant la procrastination – je vous conseille de faire ce sort de bannissement rapide. J'aime bien le lancer en milieu de semaine, le mercredi, qui pour moi, symbolise le jour de travail de la semaine où mes mauvaises habitudes (comme la paresse, l'inattention ou la procrastination) sont les plus susceptibles d'apparaître.

QUAND EFFECTUER CE SORT :
A tout moment durant une lune décroissante

DUREE DE TEMPS NECESSAIRE :
Le temps que la bougie brûle entièrement plus 21 jours

CE DONT VOUS AUREZ BESOIN :
Sel
1 bougie conique noire
Stylo et papier
Cristal de quartz clair

ETAPES :

1. Faites une bonne purification de votre espace en utilisant les pouvoirs de la sauge et dessinez votre cercle avec le sel autour de la bougie noire. Ceci aide avec la partie bannissement du sort.
2. Ecrivez votre mauvaise habitude, comme la procrastination. Allumez votre bougie et énoncez vos intentions : *"Je veux me débarrasser du mal, trouver un moyen d'être heureux. Je remplace cette habitude par le bien, un rappel de tout ce que je devrais faire."*

3. Vous pouvez laisser la bougie brûler jusqu'au papier ou vous pouvez allumer le papier avec la flamme (il est important d'avoir un récipient résistant au feu à portée de main), puis laissez les cendres partir avec le vent et vous débarrasser de la bougie par une voie d'eau. Fermez votre cercle et jetez votre sel.
4. Le lendemain, de préférence à la même heure, écrivez la bonne habitude que vous souhaitez avoir pour remplacer la mauvaise (on échanger des habitudes au lieu de les casser). Mettez le papier sous le cristal de quartz clair au centre de votre autel. Chaque jour, pendant les 21 jours suivants, réécrivez la bonne habitude et placez le papier sous le quartz. Le 22ième jour, enterrez les feuilles de papier près de la fondation de votre maison. Pensez à recharger le quartz avant de l'utiliser dans un autre sort car ce sort nécessite beaucoup son énergie.

ÉVITER LES RENVOIS : UN SORT DE PROTECTION

Ce sort de protection est conçu pour vous empêcher de vous faire renvoyer ou licencier, bien que ce soit également une bonne chose que d'avoir une certaine pratique des sorts de protection en général. Vous pouvez l'utiliser comme base pour n'importe quel nombre de sorts de protection personnalisés ; consultez également le chapitre 11 pour en savoir plus.

QUAND EFFECTUER CE SORT :
Pendant la pleine lune

DUREE DE TEMPS NECESSAIRE :
Le temps que la bougie brûle entièrement

CE DONT VOUS AUREZ BESOIN :
1 bougie conique noire
Huile essentielle de lavande
1 pierre obsidienne
Sauge séchée, thym et rose
Petite pochette blanche ou noire

ETAPES :

1. Nettoyez votre autel et envisagez de placer des objets de bonne fortune dans les quatre directions cardinales : ceci est facultatif, bien que meilleur pour le flux d'énergie dans ce sort.
2. Placez votre bougie au centre de votre autel et allumez-la en récitant votre intention : *"Protégez-moi de toute négativité et recouvrez-moi de pureté. Protégez-moi contre les erreurs professionnelles afin que je puisse rester protégé et résistant."* Passez la pierre obsidienne trois fois à travers la flamme,

permettant au pouvoir de l'intention de renforcer la détermination de la pierre.

3. Une fois que la bougie ait entièrement brûlé et que la pierre ait refroidi, placez la pierre, tous les restes de cire (ou au moins un peu de ces restes tout en enterrant le reste), ainsi que les herbes dans votre pochette. La sauge purifiante et le thym protecteur, ainsi que la rose pour la confiance et le bien-être vont renforcer les vertus de la pierre obsidienne protectrice. Une pochette blanche est peut-être plus adaptée à un licenciement radical, tandis que le noir fonctionne plus spécifiquement dans une situation de réduction des effectifs.
4. Portez la pochette jusqu'à la prochaine pleine lune.

MOTIVATION MAGIQUE : UN SORT POUR VOUS GARDER

Ce sort devrait vous revigorer comme les ingrédients sont censés le faire. Tous ces parfums et toutes ces couleurs sont utilisés pour nous réveiller, nous rafraîchir et stimuler notre créativité.

QUAND EFFECTUER CE SORT :
C'est un sort de soleil, alors choisissez un jour avec un maximum de soleil, de préférence un dimanche ou un mercredi

DUREE DE TEMPS NECESSAIRE :
Le temps que la bougie brûle entièrement

CE DONT VOUS AUREZ BESOIN :
1 bougie conique orange
Huile essentielle de menthe
Mélange de romarin, cannelle et gingembre

ETAPES :

1. Nettoyez votre espace comme d'habitude et utilisez l'huile de menthe pour enduire votre bougie orange, puis roulez-la dans votre mélange d'épices.
2. La bougie orange signifie vitalité et vigueur, tandis que la menthe éveille vos sens. Le romarin est toujours bon pour la protection et la revitalisation (tout en étant aussi associée à la richesse), tandis que la cannelle augmente votre puissance et votre passion et alors que le gingembre apporte de l'énergie à l'esprit.
3. Énoncez clairement vos intentions, de préférence avec votre propre liste de choses à faire : dans le cas idéal, votre incantation indiquera ce qu'il reste à faire, suivi d'une

affirmation concernant les récompenses si les choses ont été réalisées.

4. Laissez la bougie brûler entièrement et gardez les restes sur votre autel pendant une semaine entière.

CANALISER LA CERTITUDE : UN SORT POUR PRENDRE DE BONNES DÉCISION

C'est un sort pour augmenter votre énergie psychique, attirer des énergies positives et clarifier l'esprit. Il peut également être utilisé lorsque vous vous trouvez confronté à des décisions personnelles, en plus de celles liées au travail et à une carrière.

QUAND EFFECTUER CE SORT :
Pendant une pleine lune

DUREE DE TEMPS NECESSAIRE :
Le temps que la bougie brûle entièrement

CE DONT VOUS AUREZ BESOIN :
4 bougies chauffe-plat violettes
1 bougie chauffe-plat blanche
Huile essentielle de jasmin

ETAPES :

1. Nettoyez votre espace et envisagez peut-être à prendre un bain rituel pour vous préparer. Si la décision que vous envisagez peut changer votre vie, je vous conseille de prendre tout le temps nécessaire.
2. Placez vos bougies violettes, signifiant la puissance psychique et la conscience, à chacun des quatre points cardinaux : vous voulez de l'énergie de tous les éléments pour vous aider à trier tous les facteurs impliqués avant de pouvoir prendre votre décision.
3. Placez votre bougie blanche qui vous représente au centre et enduisez toutes vos bougies avec de l'huile de jasmin pour la clarté.

4. Allumez vos bougies, en commençant par le nord, puis en allant dans le sens des aiguilles d'une montre et en terminant par la bougie blanche. Déclarez vos intentions : *"Aidez-moi ici à prendre la meilleure décision, je dois en choisir une et rejeter tout le reste. Je demande la clarté d'esprit, afin de faire de mon mieux avec le temps qui m'est donné."*
5. Laissez les bougies brûler, puis enterrez-les quelque part où les bonnes choses poussent. Ce sort peut être répété à la pleine lune pendant trois mois consécutifs, si nécessaire.

10

SORTS POUR LA SANTÉ ET LE BIEN-ÊTRE

Lorsque nous commençons à pratiquer la magie, nous commençons à réaliser l'interconnexion de beaucoup de choses, des éléments et des quatre points cardinaux aux nombreuses correspondances entre les couleurs et les parfums, les phases et les moments, les outils magiques en général. La santé en elle-même n'est pas différente et les sorts de guérison ciblent rarement une zone en particulier ; au lieu de cela, ils sont destinés à guérir et à rassembler l'esprit, le corps et l'âme - le bien-être véritable est l'équilibre et l'harmonie entre tous ces domaines. Si nous commençons à voir notre santé d'une manière interconnectée et holistique, alors nous sommes plus en mesure de comprendre comment canaliser diverses énergies naturelles pour améliorer notre santé et notre bien-être global : nos états émotionnels affectent directement notre force physique, ainsi que notre sensibilité spirituelle.

En général, les sorts de guérison sont destinés au praticien, bien qu'ils puissent être tournés vers l'extérieur pour aider les autres, avec des intentions différentes. Soyez prudent, cependant, lorsque vous tentez d'exécuter des sorts de guérison pour les autres : vous devriez demander la permission avant de supposer que vos actions sont les bienvenues et savoir rester respectueux s'ils ne le sont pas.

Enfin, je préconise ces sorts santé et bien-être parce qu'ils m'aident à réorienter mon état d'esprit vers le positif, ainsi que promouvoir les sentiments de sécurité contre les mauvais sentiments et la mauvaise santé. Ils sont exécutés avec l'intention générale de me mettre dans un état d'esprit plus heureux et plus en forme. Je n'utilise pas et vous ne devriez pas non plus utiliser ces sorts à la place de conseils médicaux professionnels ; ils sont utilisés conjointement avec la médecine traditionnelle pour stimuler les énergies positives et créer un espace de soutien dynamique pour la guérison.

CONJURER DU SOULAGEMENT POUR L'ANXIÉTÉ ET LA DÉPRESSION

Ce sort peut être utilisé pour l'anxiété, qui est en fait une peur de l'avenir, ou la dépression, qui indique souvent être coincé dans les regrets du passé. Le rituel est le même pour les deux, bien que les couleurs de la bougie qui ont une signification soient distinctes.

QUAND EFFECTUER CE SORT :
A tout moment durant une lune décroissante

DUREE DE TEMPS NECESSAIRE :
Le temps que la bougie brûle entièrement pendant neuf jours

CE DONT VOUS AUREZ BESOIN :
1 bougie pilier blanche pour l'anxiété OU
1 bougie pilier rouge pour la dépression
Huile essentielle d'orange
Crystal ou pierre (facultatif)

ETAPES :

1. Faites une bonne purification de votre espace : votre but est d'avoir une énergie claire et fraîche.
2. Placez votre bougie au centre de votre autel et enduisez-la d'huile essentielle d'orange. Cela remplace l'anxiété ou la dépression par la force et la vitalité. La bougie blanche sert à purifier votre esprit d'anxiété, tandis que la bougie rouge sert à vous apporter du courage.
3. Allumez la bougie et, si vous le souhaitez, choisissez un cristal ou une pierre particulière pour passer à travers la flamme de la bougie, attirant ainsi une énergie symbolique vers vous (pourquoi pas une pierre de lune pour la paix, ou bien un héliotrope pour le courage). Pendant que la

bougie brûle, récitez votre incantation : "*Mon pouvoir est si clairement fort qu'aucun souci ni problème ne peuvent survenir. Je jette un sort de protection contre ces soucis dans mon âme parce que la puissance est mon arme et l'harmonie mon but.*"

4. Laissez la bougie brûler pendant quelques minutes en méditant sur la paix et la force, puis éteignez-la. Répéter ce rituel chaque jour à la même heure pendant neuf jours consécutifs.

METTRE FIN À L'ENVIE : UN SORT DE BANNISSEMENT

Une des émotions les plus destructrices, l'envie peut nuire non seulement à notre joie et à notre bonheur, mais également entraver notre magie. L'envie ferme notre esprit, le gardant fermé à la tolérance et à la compassion, qui sont des plus importants pour les énergies que nous libérons en jetant des sorts. J'ai tendance à lancer ce sort au début d'une nouvelle saison, lorsque le changement est dans l'air (et les gens dépensent souvent ostensiblement de l'argent pour des cadeaux pendant les fêtes ou les voyages pendant l'été) et j'ai besoin d'un état d'esprit rafraîchi.

QUAND EFFECTUER CE SORT :
Pendent une pleine lune

DUREE DE TEMPS NECESSAIRE :
Le temps que la bougie brûle entièrement

CE DONT VOUS AUREZ BESOIN :
1 bougie pilier verte
1 bogie pilier noire
Un canif
Une gousse d'ail

ETAPES :

1. C'est un autre sort qu'il vaut mieux effectuer à l'extérieur : votre but est d'envoyer ces sentiments de convoitise le plus loin avec le vent. Une fois de plus, faites toujours preuve de prudence lorsque vous brûlez des bougies à l'extérieur.
2. Faites un cercle autour de votre espace à l'aide de galets, de bâtons ou simplement avec de l'énergie pour délimiter un endroit nettoyé.

3. Gravez le mot “envie” sur la bougie noire et frottez votre bougie verte avec de l’ail protecteur. Allumez d’abord la bougie noire, en utilisant sa flamme pour allumer la bougie verte.
4. Enoncez clairement vos intentions : *“Je rejette cette envie et d’autres sentiments de jalousie Je voudrais qu’elles quittent ma vie pour toujours.”* Laissez les bougies brûler jusqu’à la moitié pendant que vous méditez sur la beauté de la nature, en vous rappelant que ce que vous avez est suffisant ; c’est même abondant.
5. Enterrez la bougie verte pour que votre nouvelle chance puisse prendre racine, protégée de l’envie, tout en disposant de la bougie noire loin de votre maison.

BLOQUER LA MALADIE : UN SORT DE PROTECTION

La plupart des gens qui pratiquent la magie acquièrent un répertoire d'outils de guérison et de protection, y compris les amulettes, les sachets, les potions et les sorts. Les herbes, en particulier, sont la clé de la plupart des rituels de guérison et peuvent être utilisés dans une variété de combinaisons pour une myriade de résultats. Voici un sort santé général utilisant des bougies : vous pouvez amplifier sa puissance ou préciser ses intentions en ajoutant des huiles à base de plantes ou d'herbes séchées, selon vos besoins.

QUAND EFFECTUER CE SORT :
Pendant une pleine lune

DUREE DE TEMPS NECESSAIRE :
Le temps que la bougie brûle entièrement

CE DONT VOUS AUREZ BESOIN :
1 bougie conique blanche
1 bougie conique indigo
1 bougie conique violette

ETAPES :

1. Faites une purification de votre espace avec un mélange de sauge et de romarin pour une protection maximale et un nettoyage profond.
2. Arrangez vos bougies en formant un triangle avec la bougie blanche "vous-même" au sommet. L'indigo représente la santé physique, tandis que la bougie pourpre symbolise le bien-être spirituel.
3. Invoquez de l'aide pour votre protection à chacun des éléments : *"J'appelle la terre pour me garder ancré. J'appelle le*

feu pour me purifier de la fièvre. J'appelle l'eau pour laver toute infection. J'appelle le vent pour éloigner les mauvaises énergies."

4. Laissez les bougies brûler entièrement, et lorsque les restes de cire sont refroidis, gardez-les sous votre oreiller jusqu'à la prochaine pleine lune, puis enterrez-les sous un arbre fort et robuste.

RÉTABLISSEMENT RAPIDE : UN SORT POUR UNE GUÉRISON RAPIDE

Ce sort est plus particulièrement approprié pour une blessure ou une maladie particulière. Alors que le sort précédent est plus essentiellement un sort de protection, celui-ci est une conjuration plus ciblée. Il n'est peut-être pas assez puissant pour guérir les maladies chroniques, mais je l'ai utilisé à bon effet pour traiter les chevilles foulées et les rhumes de tête.

QUAND EFFECTUER CE SORT :
Chaque fois que c'est nécessaire

DUREE DE TEMPS NECESSAIRE :
Le temps que la bougie brûle entièrement

CE DONT VOUS AUREZ BESOIN :
1 bougie conique blanche
Huile essentielle d'eucalyptus
Cordon ou ficelle noire

ETAPES :

1. Nettoyez votre espace et placez votre bougie au centre de votre autel.
2. Enduisez la bougie avec l'huile d'eucalyptus curative et purifiante. Utilisez le cordon ou la ficelle pour attacher la partie blessée ou malade du corps, aussi près que possible de la partie affectée.
3. Allumez la bougie et énoncez votre intention : "*Fermez cette plaie, mettez fin aux maladies, rendez-moi rapidement la bonne santé.*"
4. Laissez la bougie brûler, délier le cordon et laissez-le brûler aussi en prenant vos précautions. Dans les derniers

instants de la flamme alors qu'elle est en train de s'éteindre, imaginez la blessure ou la maladie en train d'être consumée par le feu de la flamme. Assurez-vous de bien vous débarrasser des restes immédiatement et en les envoyant très loin.

DIVINATION DES RÊVES : UN SORT POUR UN BON SOMMEIL

Ce sort devrait vous aider à passer une bonne nuit de sommeil. Si vous souhaitez inviter les rêves, ajoutez alors un bâton d'encens ou de l'encens de lavande à brûler pendant le sort.

QUAND EFFECTUER CE SORT :
Chaque fois que vous avez besoin d'un sommeil profond

DUREE DE TEMPS NECESSAIRE :
Le temps que la bougie brûle entièrement

CE DONT VOUS AUREZ BESOIN :
1 bougie chauffe-plat bleue
Cristaux d'améthyste ou de quartz fumé

ETAPES :

1. Effectuez ce sort directement dans votre chambre et préparez-vous ainsi que la chambre pour un bon sommeil. Il vous faut évidemment nettoyer l'espace à fond, comme d'habitude, mais il vous faut également investir dans des choses qui vous aideront de façon plus pratiques pour un bon sommeil. Mettez des draps frais et propres sur votre lit ainsi qu'une couverture confortable et votre oreiller préféré à portée de main. Eteignez aussi tous les écrans et gardez un éclairage faible. Vous pourriez même écoutez de la musique relaxante qui incite au sommeil.
2. Lorsque vous êtes prêt à vous cocher, allumez d'abord votre bougie et récitez votre incantation avec votre cristal en main. Le cristal est représentatif de la lune elle-même, invitant la sérénité nocturne. Enoncez clairement vos

intentions : *"Je tiens la lune, ici dans ma main et sa lumière apaisante va donc bientôt m'apaiser."*

3. Laissez votre bougie chauffe-plat brûler en toute sécurité pendant que vous placez votre cristal sous votre oreiller et que vous vous glissez vous-même dans le lit.

ELIMINER LES CAUCHEMARS : UN AUTRE SORT POUR BIEN DORMIR

Vous pouvez également agrémenter ce sort avec des potions à base de plantes qui vous aident à dormir profondément (ou tout simplement avec un thé à la camomille) car les cauchemars sont souvent causés par un esprit agité. Si vos cauchemars proviennent d'une interférence psychique, ou d'une anxiété avec des causes plus profondes ou d'un traumatisme, vous allez devoir peut-être exécuter ce sort assez régulièrement pour qu'il produise des résultats. Lancer ce sort en conjonction avec des sorts d'anxiété ou d'autres sorts de bannissement peut également augmenter son efficacité.

QUAND EFFECTUER CE SORT :
Lorsque vous avez besoin d'un sommeil paisible

DUREE DE TEMPS NECESSAIRE :
Environ 10-15 minutes avant de se coucher

CE DONT VOUS AUREZ BESOIN :
1 bougie conique noire
1 ruban argent
1 pièce argent

ETAPES :

1. Comme avec le sort précédent, préparez votre chambre non seulement avec le nettoyage ou la purification, mais aussi avec des choses pratiques (draps propres, couverture et oreiller confortables, musique apaisante et ainsi de suite).

2. Attachez votre ruban argent autour de votre bougie noire : l'argent symbolise l'éveil spirituel et la pensée réflexive pendant qu'il est relié à la bougie de bannissement.
3. Tenez votre pièce dans votre main gauche pendant que vous allumez votre bougie et que vous jetez votre sort : "*Je demande à la lune, si calme et si sûre de m'apporter la paix comme en remède.*"
4. Laissez la bougie brûler pendant quelques minutes, pendant que vous visualisez une scène paisible ou un beau rêve précédent. Mettez la pièce sur le rebord de votre fenêtre, éteignez la bougie noire et attachez le ruban autour de votre poignet avant d'aller vous coucher. Vous pouvez réutiliser ces outils magiques pendant trois nuits consécutives, si nécessaire.

CONJURER LA CRÉATIVITÉ

Si vous sentez que votre magie est bloquée, ce sort peut aussi vous aider à revitaliser votre énergie et votre connexion avec les éléments naturels.

QUAND EFFECTUER CE SORT :
A tout moment pendant une line décroissante

DUREE DE TEMPS NECESSAIRE :
15-20 minutes

CE DONT VOUS AUREZ BESOIN :
Petit pot en verre avec couvercle
Bougie orange de n'importe quelle taille
Mélange d'herbes et d'épices, y compris le basilic séché, le gui, la feuille de laurier, la cannelle, le romarin et la sauge (deux cuillères à café de chaque)

ETAPES :

1. Nettoyez votre espace, comme d'habitude. Vous pouvez faire ce sort à votre autel ou dans votre cuisine, à l'endroit qui vous parait être le plus pratique.
2. Assurez-vous que votre pot est stérilisé et purifié magiquement (d'abord du savon et de l'eau, puis du citron et/ou du sel). Allumez votre bougie de façon à ce qu'elle vous éclaire spirituellement pendant que vous disposez vos épices en couches superposées : commencez avec une cuillère à café de basilic et de gui pour une pensée créative, le laurier pour le succès, la cannelle pour l'énergie, le romarin pour la clarté et la sauge pour la sagesse.

3. Vous pouvez placer un symbole de votre créativité dans le pot, si vous le souhaitez, soit un sigle ou une feuille de papier avec un mot ou une phrase dessus, ou un objet qui symbolise vos activités créatives.
4. Terminez la superposition avec une autre cuillère à café de chacune des herbes ci-dessus.
5. Énoncez clairement votre intention : "*Ne dormez plus, inspiration. Réveillez-vous. Réveillez-vous les muses et venez à moi.*" Utilisez ensuite la cire fondue pour sceller la bouteille (avec prudence, bien sûr).
6. Gardez votre pot de créativité sur votre autel pendant trois mois.

SANTÉ ET VIGUEUR : UN SORT POUR AMÉLIORER LA SANTÉ

Ce sort utilise la magie des bougies d'une manière légèrement différente : vous concentrez votre magie sur votre mélange d'encens fait maison en utilisant la bougie pour libérer les parfums et les énergies dans l'atmosphère. Ce mélange d'encens peut également être infusé dans un thé, en supposant que vous avez utilisé des produits de qualité alimentaire et sans danger pour la consommation.

QUAND EFFECTUER CE SORT :
Pendant une pleine lune

DUREE DE TEMPS NECESSAIRE :
Une paire d'heures (essentiellement inactives)

CE DONT VOUS AUREZ BESOIN :
Ingrédients pour les encens : peau d'orange séchée, graines de carvi, poivre noir, sauge séchée, romarin, cannelle et sucre naturel (comme le demerara)
1 bougie chauffe-plat orange ou rouge
Brûleur d'encens ignifuge ou autre récipient

ETAPES :

1. Il vaut mieux préparer cela dans la cuisine et donc nettoyer la cuisine avec un paquet de sauge forte.
2. Préparez votre mélange d'encens en combinant une cuillère à soupe chacune de peau d'orange séchée, pour la vitalité, des graines de carvi pour les propriétés antiseptiques, le poivre noir pour l'endurance, la sauge pour la force mentale, le romarin pour la mémoire, la

cannelle pour la force physique et le sucre pour la douceur (de la vie).

3. Mettez vos ingrédients dans un brûleur d'encens ou un autre contenant résistant au feu et allumez votre bougie de thé en dessous de l'encens pour répandre ses parfums et ses intentions dans la pièce.
4. Laissez-la brûler jusqu'à ce qu'elle soit entièrement consumée, puis enterrez les restes dans un endroit où les plantes saines poussent.

CHASSEZ LA PEUR

C'est un sort de bannissement très basique qui utilise un symbolisme clair pour vous débarrasser des peurs indésirables. Je pense que ce simple sort vous mettra dans le bon état d'esprit pour dissiper une peur mais il faut beaucoup de temps et d'énergie pour surmonter une véritable phobie. J'ai, par exemple, une peur intense de prendre l'avion et donc, je lance toujours ce sort avant de prendre un vol. La peur ne disparaît pas mais mon esprit est apaisé et je peux dépenser mes énergies sur des choses plus positives.

QUAND EFFECTUER LE SORT :
Lorsque vous en avez besoin

DUREE DE TEMPS NECESSAIRE :
Le temps de bruler et disperser une intention

CE DONT VOUS AUREZ BESOIN :
1 bougie conique noire
Stylo et papier
Récipient résistant au feu ou un chaudron

ETAPES :

1. Nettoyez votre autel en prenant le temps de purifier votre espace avec du citron et/ou du sel ainsi que de la sauge : la peur est une énergie négative qui peut parfois prendre beaucoup de place dans nos vies.
2. Écrivez votre peur sur un papier et lisez-la à voix haute : affronter la peur en lui faisant face renforce notre courage.
3. Allumez votre bougie et jetez votre sort: "*Gardez près de moi ces choses si chères et évincez la peur implacable.*

Maintenant je te demande de disparaître, de sortir de ma vie, peur irrationnelle "

4. Allumez votre morceau de papier avec la flamme de la bougie, puis laissez-le brûler jusqu'aux cendres dans votre récipient ignifuge. Dispersez les cendres loin de chez vous et envoyer les restes de cire de la bougie à une tombe par voie d'eau.

11

LES SORTS DE PROTECTION

Le sort de protection est une autre arme incroyablement utile dans la panoplie de la magie de bougies. Ce genre de magie est non seulement incroyablement pratique, il vous apporte aussi une tranquillité d'esprit qui est inestimable pour poursuivre vos études de la magie – et pour la vie de tous les jours, en général. Les sorts, simples et clairs, que vous trouverez dans ce chapitre sont, encore une fois confinés à la magie des bougies mais ils devraient vous donner une idée du vaste monde de la magie protectrice qui existe pour les intéressés. Les amulettes et les talismans sont fréquemment utilisés dans ces sorts et peuvent être réutilisés pour tous sorts à des fins de protection. Les sorts de protection sont également très importants vous devez être capable de vous connecter au flux d'énergies qui viennent de la nature et les éléments fondamentaux afin que vous puissiez pratiquer toute sorte de magie. Si les énergies négatives (ou des personnes ou des sorts) bloquent votre capacité à faire appel à ces forces, votre capacité à faire de la magie sera alors compromise. Gardez donc votre espace propre, chargez positivement vos outils magiques et apprenez à détourner tout qui peut vous impacter.

Cela ne veut pas dire que les sorts de protection sont des représailles contre une autre personne (ou qu'ils peuvent complètement contrôler les forces extérieures) ; ils servent plutôt à accumuler un surplus d'énergie positive qui vous entoure et vous protège vous et votre maison, votre espace sacré et vos proches ainsi qu'à éloigner les influences négatives.

PROTÉGER LA MAISON ET LE FOYER

Ce sort est idéal lorsque vous emménagez dans un nouvel espace de vie : vous pouvez vous assurer que toute énergie négative émise par les occupants précédents soit dissipée tout en rassurant votre propre sentiment de sécurité. Pour le renforcer, refaite le sort chaque année à l'anniversaire de la date de votre emménagement initial.

QUAND EFFECTUER CE SORT :
Lorsque vous en avez besoin

DUREE DE TEMPS NECESSAIRE :
Deux jours

CE DONT VOUS AUREZ BESOIN :
1 bougie conique noire
1 bougie conique blanche
Huiles essentielles de citron et de rose
4 petits pots en verre
Lavande séchée, basilic, sel et riz

ETAPES :

1. Nettoyer soigneusement toute votre maison la veille du jour ou vous avez l'intention de jeter le sort. Levez-vous au lever du soleil (un moment propice) et rangez bien tout avant de faire une purification avec de la sauge.
2. Remplissez chacun de vos pots de lavande, de basilic, de sel et de riz, respectivement et placez-les aux quatre points cardinaux dans votre maison - sur un rebord de fenêtre, si possible – ou dehors dans le jardin si vous en avez un. La lavande apporte la tranquillité dans la maison, tandis que le basilic offre la protection ; le sel éloigne les

énergies négatives, tandis que le riz est censé apporter la bonne fortune. Laissez le clair de lune charger ces récipients pendant la nuit.

3. Le lendemain, de préférence au lever du soleil, disposez vos pots aux quatre directions cardinales sur votre autel avec les bougies entre chacune d'elles. Allumez votre bougie noire pour bannir le mal et votre bougie blanche pour la purification. Prenez l'huile essentielle de citron pour oindre la bougie noire pour la protection et l'huile de rose pour votre bougie blanche pour les bénédictions.
4. Lancez votre sort avec des intentions claires : *"Bénissez cette maison avec paix et amour. Nettoyez tout ce qui est à débarrasser. Protégez tous ces logements ici, pour garder tous nos proches en sécurité."*
5. Laissez les bougies brûler complètement et enterrez les restes de cire près des fondations de votre maison. Vous pouvez garder les pots sur vos rebords de fenêtre pendant quelques semaines, si vous le souhaitez, et/ou utiliser le contenu pour créer des potions et des repas magiquement améliorés. Certains praticiens n'utilisent pas les herbes ou autres ingrédients comestibles qui ont été utilisés dans leurs sorts. Personnellement, je trouve cela tout à fait acceptable, non seulement parce que cela infuse de la magie dans ce que je mange, mais aussi parce que cela s'inscrit dans l'esprit de l'économie et du recyclage qui fait partie de la philosophie de tout bon lanceur de sorts.

CONJURER LA PAIX : UN SORT POUR UN FOYER HEUREUX

Ce sort attire les énergies positives nécessaires pour que tout le monde à la maison puisse bien s'entendre. Le pot de magie est destiné à être placé à un endroit central dans votre maison, où il pourra s'appuyer sur tous les éléments fondamentaux pour maintenir l'énergie positive.

QUAND EFFECTUER CE SORT :
A tout moment pendant une lune croissante, le vendredi étant considéré comme le meilleur jour

DUREE DE TEMPS NECESSAIRE :
Le temps que la bougie brûle entièrement

CE DONT VOUS AUREZ BESOIN :
2 bougies chauffe-plat bleues
2 bougies chauffe-plat jaunes
Huile essentielle de vanille
Petit bocal en verre
Basilic séché, lavande, thym, cataire et zeste de citron
Pierre Lapis lazuli
Pierre de quartz rose
Quelques gouttes d'eau chargées par le soleil

ETAPES :

1. Nettoyez votre autel, comme d'habitude et préparez votre pot de magie. Ajoutez une cuillère à soupe de basilic pour la protection et la chance, la lavande pour la paix, le thym pour la joie, la cataire pour l'attraction et le zeste de citron pour le bonheur.

2. Enduisez les pierres avec quelques gouttes d'eau chargée de soleil (de l'eau qui a été exposée au plein soleil pendant trois heures), puis placez-les dans le bocal : le lapis lazuli apaise et invite à l'intuition, tandis que le quartz rose favorise l'amitié et l'amour romantique.
3. Placez vos bougies aux quatre directions cardinales - le bleu au nord/terre et à l'ouest/eau, le jaune au sud/feu et à l'est/air -.et enduisez-les d'huile essentielle de vanille apaisante.
4. Allumez les bougies pendant que vous jetez votre sort : *"Je demande ici le calme et la paix dans cette maison et que toutes les énergies négatives et les conflits cessent. J'invite beaucoup de bonheur et de joie à tous ceux qui habitent ici, filles et garçons."*
5. Laissez les bougies brûler et enterrez leurs restes sous les fondations de votre maison.

VAINCRE LES VISITEURS : UN SORT POUR SE DÉBARRASSER DES INVITÉS INDÉSIRABLES

Nous savons tous ce que c'est que d'avoir un invité obtus qui ne réalise pas qu'il est temps de partir, que ce soit un oncle ennuyeux en vacances chez vous ou un vieil ami qui s'écrase sur votre canapé. Voici un sort de bannissement simple mais doux pour restaurer votre intimité.

QUAND EFFECTUER CE SORT :
Lorsque vous en avez besoin

DUREE DE TEMPS NECESSAIRE :
Le temps que la bougie brûle entièrement

CE DONT VOUS AUREZ BESOIN :
1 bougie conique noire
Huile essentielle de citron ou de menthe
Poivre noir, poivre de Cayenne et cannelle

ETAPES :

1. Nettoyez votre autel ou votre espace. Vous pourriez envisager de purifier la zone dans laquelle l'invité indésirable a dormi (si vous pouvez le faire pendant qu'ils ne soient pas présents).
2. Enduisez votre bougie noire de bannissement avec l'huile essentielle de citron ou de menthe ; les deux apportent purification et protection à votre espace. Mélangez vos épices, environ une cuillère à café de chaque et roulez votre bougie dans cette mixture : le poivre noir apporte de l'endurance et du courage ; le poivre de Cayenne éloigne les énergies négative et la cannelle apporte la protection.

3. Allumez votre bougie et récitez votre incantation :
   "Écoutez-moi maintenant quand je demande à mon invité de partir, de me donner la paix et de mettre fin à ce malheur." Répétez cela sept fois pendant que vous regardez la bougie brûler.
4. Prenez garde de vous débarrasser des restes dès que possible : ce pourrait être une occasion pour une pratique avec la chasse d'eau !

TERMINER UNE EMPRISE : UN SORT POUR VOUS LIBÉRER DE L'INFLUENCE

Si vous avez déjà vécu une relation malsaine, comme une relation amoureuse ou une amitié qui aurait mal tourné, ou même un membre dominant de la famille, ce sort peut vous aider à vous libérer de cette influence négative. Vous pouvez également essayer de lancer un sort de prise de décision de cette manière ou bien un sort de confiance pour vous ramener à votre propre clarté de pensée.

QUAND EFFECTUER CE SORT :
A tout moment pendant une lune décroissante

DUREE DE TEMPS NECESSAIRE :
Le temps de brûler la bougie et de disperser les cendres

CE DONT VOUS AUREZ BESOIN :
2 bougies coniques blanches
1 bougie conique rouge ou violette
Stylo et papier
Bol ou récipient résistant au feu

ETAPES :

1. Nettoyez votre autel comme d'habitude et alignez vos bougies avec la bougie rouge ou violette entre vos bougies blanches. Choisissez le rouge si la personne influente vous a contrôlé avec passion ou colère ; choisissez le violet si cette influence a été plus psychologique ou spirituelle. Les bougies blanches vont puiser cette énergie de la bougie centrale, purifiant ainsi vos intentions.
2. Écrivez le nom de la personne sur le papier et allumez-le pendant que vous lancez votre sort : *"Je te demande de*

t'éloigner de ma vie, de me libérer de cette lutte constante. Je récupère mon esprit et mon âme et je rejette ton influence pour retrouver ma plénitude."

3. Une fois que vos bougies et votre papier auront brûlé, dispersez les cendres aux vents, enterrez les restes des bougies blanches quelque part qui vous apporte de la joie et envoyez la bougie rouge ou pourpre au loin par une voie d'eau.

VOYAGER EN TOUTE SÉCURITÉ : UN SORT DE PROTECTION POUR LES VOYAGES

C'est un sort rapide et facile que vous pouvez effectuer chaque fois que vous allez faire un voyage. Je porte aussi une pochette de protection qui contient un petit chat maneki neko en bois orange pour la chance (j'ai déjà mentionné que j'avais peur de prendre l'avion, alors je prends toute mes précautions).

QUAND EFFECTUER CE SORT :
Lorsque vous en avez besoin : le mieux serait le mercredi avant votre départ en voyage

DUREE DE TEMPS NECESSAIRE :
Le temps que la bougie brûle entièrement

CE DONT VOUS AUREZ BESOIN :
1 bougie conique blanche
Huile essentielle de romarin
Cristal de quartz rose

ETAPES :

1. Pensez à effectuer une purification de votre maison entière pour ce sort, plutôt que de seulement faire votre autel. Cela bannira également les énergies négatives dans votre maison et gardera tout le positif jusqu'à votre retour.
2. Enduisez votre bougie et le cristal avec de l'huile de romarin protectrice, allumez la bougie et jeter votre sort : *"J'appelle l'esprit de la lune pour m'aider à bientôt atteindre ma destination. Je veux que mon voyage se passe sereinement et en toute sécurité pour toutes les personnes concernées, y compris*

moi-même." Passez trois fois le cristal à travers la flamme pendant que vous répétez votre incantation.

3. Emportez le cristal avec vous lors de votre voyage. Mettez les restes de la bougie dans un lieu sûr jusqu'à votre retour et enterrez-les ensuite près de chez vous.

EVITER LES ACCIDENTS : UN SORT DE PRÉVENTION

Essentiellement, ce sort vous apprend à faire un talisman que vous pouvez porter sur vous pour votre sécurité générale. Je garde cette pochette d'ingrédients dans ma voiture et jusqu'à présent, il marche littéralement à merveille !

QUAND EFFECTUER CE SORT :
Pendant une pleine lune

DUREE DE TEMPS NECESSAIRE :
Le temps que la bougie brûle entièrement

CE DONT VOUS AUREZ BESOIN :
1 bougie conique noire
Petite pochette
Sauge séchée, romarin et sel
Cristal d'améthyste
Article personnel (voir les étapes ci-dessous)

ETAPES :

1. Nettoyez votre autel avant de commencer et, si vous avez le temps, mettez le cristal à charger à la lueur de la lune avant de jeter votre sort.
2. Placez votre bougie au centre de votre espace et allumez-la pendant que vous récitez votre incantation : *"Je demande ici ma sécurité personnelle, peu importe si je suis sauvage et libre. Utilisez ces choses pour me protéger du mal et les insuffler avec le pouvoir de fonctionner à merveille."*
3. Pendant que vous laissez votre bougie brûler, remplissez la pochette avec vos ingrédients : une cuillère à café ou deux de chacune de vos herbes de protection avec le sel ; ajoutez-y le cristal d'améthyste pour apaiser la peur ainsi

qu'un objet personnel qui vous semble avoir des propriétés magiques. Par exemple, j'utilise les poils de moustache de mes chats (je ne les leur enlève évidemment pas. Je les récupère lorsqu'ils les perdent). Mais vous pouvez utiliser tout ce que vous ressentez comme un porte-bonheur personnel.

4. Gardez le sac talismanique dans votre voiture, dans votre sac à main ou dans votre mallette afin qu'il veille sur vous en permanence.

LE REDRESSEMENT JUDICIAIRE : UN SORT POUR GAGNER UNE AFFAIRE JUDICIAIRE

Comme toute personne qui a déjà fait face à un quelconque problème juridique le sait, cela peut avoir un impact sur votre tranquillité d'esprit (sans parler de votre temps et de votre énergie). Ce sort peut vous aider à "adoucir l'affaire", pour ainsi dire, et apporter des résultats positifs à tout type d'affaire judiciaire que vous allez devoir négocier.

QUAND EFFECTUER CE SORT :
Sept jours avant la date du procès

DUREE DE TEMPS NECESSAIRE :
Le temps que la bougie brûle entièrement

CE DONT VOUS AUREZ BESOIN :
1 bougie chauffe-plat marron
Petit bocal
Miel
Graines de moutarde noire, poivre de Cayenne et racine de galanga
Stylo et papier (facultatif)

ETAPES :

1. Nettoyez votre espace avant de commencer. Vous pouvez rassembler tout cela dans votre cuisine, si vous voulez, après une bonne purification avec de la sauge.
2. Versez le miel dans le pot et ajoutez une cuillère à soupe de graines de moutarde noire pour la confusion de vos adversaires, quelques pincées de poivre de Cayenne pour éloigner l'énergie négative et trois tranches de racine de

galanga frais (ou quelques cuillères à café en poudre) pour la chance et la protection.

3. Allumez votre bougie chauffe-plat marron et récitez votre incantation : “*Gardez-moi ancré et aidez-moi à gagner, à vaincre mes ennemis et à sauver ma peau !*” Laissez la bougie brûler entièrement puis placez les restes dans votre bocal destiné au sort et gardez-le dans un endroit propice jusqu’à ce que vous obtenez des résultats.

LES RETOURS KARMIQUES : UN SORT POUR INVERSER LE MAL ENVOYÉ CONTRE VOUS

L'un des principes les plus fondamentaux de la sorcellerie est de ne jamais vouloir nuire aux autres. Si vous faite du mal, il vous sera rendu au triple par cette énergie karmique. Si vous soupçonnez que quelqu'un s'est livré à ce genre de magie contre vous, vous pouvez alors le leur rendre – ils vont bien regretter le jour où ils ont fait sortir cette absurdité négative !

QUAND EFFECTUER CE SORT :
Début ou fin de la pleine lune

DUREE DE TEMPS NECESSAIRE :
Environ 10 minutes par jour pendant neuf jours

CE DONT VOUS AUREZ BESOIN :
1 bougie pilier noire
1 bougie pilier blanche
1 bougie pilier rouge
Huile essentielle de cannelle
Canif

ETAPES :

1. Nettoyez bien votre espace ; ce sort nécessite beaucoup de puissance.
2. Préparez vos bougies : choisissez des runes à graver sur chaque bougie. Un pentacle est une rune qui peut fonctionner avec un effet bannissant ou prenez de l'algiz pour la protection en général (lorsqu'il est retourné, ce rune constitue également un avertissement) ou encore l'eihwaz pour la défense. On peut trouver des représentations de tous ces éléments en ligne.

Alternativement, vous pouvez graver votre propre symbologie sur les bougies, selon ce qui vous convient le mieux. Cela peut être aussi simple que de graver votre nom sur la bougie blanche, le nom de votre adversaire sur la bougie noire et l'acte vexant sur la bougie rouge.

3. Disposez vos bougies en triangle, avec la bougie blanche au sommet et enduisez-les d'huile de cannelle, elle apporte à la fois énergie et protection à votre sort.
4. Jetez votre sort : *"Je te renvoie le mal, de retour par trois fois. Tes mauvaises intentions ne resteront pas avec moi car je te les renvois par la loi du triple retour."* Récitez l'incantation trois fois puis éteignez les bougies.
5. Répéter le sort chaque jour (idéalement au même moment à chaque fois) pendant neuf jours.

ELOIGNER LE MALHEUR PAR LA MAGIE

C'est un sort de bannissement très basique pour libérer votre espace et votre vie d'énergies négatives qui peuvent causer du malheur. Si vous avez l'impression que les événements récents ne vont pas dans votre sens - les petites irritations s'accumulent - alors ce sort peut restaurer votre aura.

QUAND EFFECTUER CE SORT :
Lorsque vous en avez besoin

DUREE DE TEMPS NECESSAIRE :
Le temps que la bougie brûle entièrement

CE DONT VOUS AUREZ BESOIN :
1 bougie conique blanche
1 bougie conique noire
2 bougies coniques violettes
Encens (facultatif)

ETAPES :

1. Nettoyez bien votre espace avant de commencer. Vous pouvez aussi envisager de brûler de l'encens pour stimuler l'énergie (le bois de santal, avec ses pouvoirs pour bénir et guérir, est un bon choix ici).
2. Disposez vos bougies selon les quatre directions cardinales, avec la bougie blanche (représentant la purification de soi-même) et la bougie noire qui bannissent les énergies opposées (soit au nord et au sud, soit à l'ouest et à l'est). Les deux bougies violettes, qui doivent apporter la guérison psychique, devraient être aux deux autres directions opposées.

3. Allumez vos bougies en commençant par le nord et en vous déplaçant dans le sens des aiguilles d'une montre pendant que vous récitez votre sort : *"Augmentez ma puissance et laissez-la grandir afin que je sois libre du malheur qui a été semé."* Continuez à répéter votre sort jusqu'à ce que toutes les bougies soient allumées.
4. Pendant que les bougies brûlent, imaginez tout votre malheur s'envoler avec la fumée et se dissipent dans l'air. Respirez profondément et imaginez la paix et le bonheur dans votre vie.
5. Assurez-vous de disposer des restes de cire selon ce qu'ils représentent pour vous, soit en les enterrant à proximité ou en les envoyant au loin par une voie d'eau.

DERNIERS MOTS

À ce stade, vous avez probablement jeté beaucoup de sorts astucieux pour améliorer votre qualité de vie. Des relations amoureuses aux amitiés, la prospérité et les objectifs de carrière, la santé et le bien-être général et jusqu'à la protection contre toutes sortes de malheurs, votre magie des bougies a certainement illuminé les nombreuses voies du succès et du bonheur qui sont en votre pouvoir de diriger. J'espère que vous avez vu et senti vos pouvoirs, en même temps que votre confiance et vos connaissances, se développer et progresser avec comment pratiquer cette magie simple avec beaucoup de succès.

Mon plus grand espoir est que vous utilisiez ces explications, interprétations et modèles magiques pour développer votre propre technique avec la magie des bougies. Il n'y a rien de plus puissant que de découvrir vos propres talents et vos correspondances personnelles qui vous permettront de prendre le contrôle de votre propre destin. À peu près n'importe quelle branche de la magie, y compris la magie des bougies, se prête à la personnalisation et l'improvisation - c'est pourquoi nous, les praticiens, on nous qualifie souvent d'astucieux! Alors que vous commencez à faire confiance à vos propres intuitions et à mieux identifier vos intentions en particulier, retournez voir les correspondances listées au Chapitre 2 pour composer vos propres sorts et réussir. Alors que j'ai trouvé le succès avec une poignée d'objets magiques et d'autres outils, vous allez peut-être trouver que certains autres éléments mentionnés dans ce chapitre fonctionnent mieux pour vous. Une fois que vous avez compris quel article correspond à quelle intention – que ce soit une bougie, une herbe, une pierre, une phase de la lune ou un jour de la semaine - vous allez devenir de plus en plus habile à personnaliser vos propres sorts spéciaux et à définir leur fonctions précises.

Inévitablement, alors que vous développez vos compétences magiques et que vous découvrez les nombreuses énergies puissantes qui sont disponibles pour votre propre prise de pouvoir, vous allez découvrir une magie des bougies supérieure à celle que vous trouverez dans ce livre et qui reste basique. Mais n'oubliez jamais que la bougie, même si elle n'est pas une chose indispensable pour jeter un sort, elle reste néanmoins un objet d'importance magique, spirituelle, historique et culturelle qui contient plusieurs significations d'importance symbolique, nous rappelant le monde merveilleux dans lequel nous vivons. Une bougie représente les pouvoirs intenses de l'élément du feu – à la fois destructeur et régénérateur. L'élément de feu et son outil d'accompagnement, la bougie, peut évoquer le réconfort au sein du foyer tout en consolidant nos liens avec nos proches et des communautés plus importantes ; c'est pourquoi la bougie est au centre de tant de sorts d'amour et d'amitié. Elle peut aussi nous rappeler les forces purifiantes de la flamme car nous renaissons de cendres et c'est pourquoi les bougies sont souvent utilisées dans les sorts de protection et de guérison. Les sorts dans ce livre portent tous sur les façons dont la flamme vacillante de la bougie peut améliorer votre vie, attirer la bonne fortune, le grand amour ou une grande passion, la prospérité et le bien-être, tout en repoussant la négativité des énergies et des événements.

Avec cette étincelle envoûtante, vous pouvez concentrer vos énergies et apporter un changement positif qui se répercutera tout au long de votre vie. Canalisez vos intentions à travers cette flamme et son brin de fumée tout en télégraphiant votre message aux éléments fondamentaux, le monde naturel et le plan éthéré. La bougie en elle-même représente une convergence de tous ces royaumes magiques, vous permettant d'améliorer la puissance de votre intention, de vos besoins et de vos désirs, tout en poussant doucement ces rêves vers leur réalisation. Utilisez la lumière de la bougie comme phare et signalez votre intention de construire votre meilleure et plus belle vie !

Printed in France by Amazon
Brétigny-sur-Orge, FR

17682390R10107